FERRAN ADRIÀ, L'ART DES METS *Un philosophe à elBulli*

장 폴 주아리

엘불리의 철학자

———

요리사, 철학자, 그의 레스토랑, 그리고 그의 예술

프란세스크 기야메 사진　정기헌 옮김

함께읽는책

새로운 쾌락에 저항할 방법은 없다.

– 오비디우스, 《사랑의 기술》

트루파 서프라이즈와 무화과 칩
Trufa surprise con chip de higo

일러두기

1. 이 책은 2011년 Les Impressions nouvelles에서 출간된 Ferran Adrià, l'art des mets : Un philosophe à elBulli를 우리말로 옮긴 것입니다.

2. 원서의 주와 옮긴이 주는 모두 각주로 달았고, 원서의 주는 ■로, 옮긴이 주는 숫자로 표시하였습니다.

3. 단행본은 《 》안에, 정기간행물과 미술 작품, 곡명 등은 〈 〉안에 넣었으며 국내에서 출간된 도서의 경우 옮긴이와 출판사명, 출간 연도를 표기했습니다.

Contents

딸기 메렝게 니트로와 생크림
Merengue-nitro de fresa con nata, 2004.

앙트레

———

Entrée

2011년 7월 30일 한 레스토랑이 문을 닫았다. 그냥 평범한 레스토 랑 얘기가 아니다. 스페인 카탈루냐 주, 크레우스 곶의 외딴 해변에 숨 어 있지만 세계에서 가장 많은 이목이 집중되고 언론에도 가장 많이 등 장하는 레스토랑, 바로 엘불리elbulli 얘기다. 엘불리는 앞으로 최소 2년 간 손님을 받지 않기로 결정했다. 파산이나 내부 분쟁 따위의 문제가 아니다. 오히려 그 반대다. 세계 최정상에 오른 시점에서 소위 '미학적 인' 이유 때문에, 혹은 창조적 재충전을 위해 문을 닫는 것이다. 몇 년 전 페란 아드리아가 꿈을 꾸듯 이 계획에 대해 얘기하던 때가 떠오른다. 손 님들이 모두 돌아가고 이미 자정을 훌쩍 넘긴 시간, 칼라 몬트호이 해변 을 내려다보는 엘불리의 테라스에서였다.

철학자가 요리사의 작품을 분석하는 글을 쓴다고 하면 분명 놀라는 사람들이 많을 것이다. 이 책이 요리사의 전기나 요리 비평이 아니라는 것쯤은 이미 짐작했을 것이다. 요리 레시피는 더더욱 아니다. 이런 주제 들에 대해서는 이미 괜찮은 책들이 많이 나와 있다. 책 말미에 참고 서적 목록을 실어 놓았으니 참고하시길. 내 경우는 순전히 철학적인 이유 때문에 이 책을 집필할 생각을 하게 됐다.

질러서 말하겠다. 철학자도 미식가일 수 있다. 15년 전 레스토랑 엘불리와 요리사 페란 아드리아, 매니저 훌리 솔레르와 처음 대면했을 때 내 관심은 이론적인 것과는 거리가 멀었다. 실은 그보다 1년 전에 엘불리를 스쳐 지나간 적이 있었다. 1994년 7월 어느 날, 별 계획 없이 차를 몰고 도로를 한참 달려 도착한 곳이 칼라 몬트호이 해변이었다. 날씨가 좋지 않아 성게를 잡으러 바다에 들어가는 건 무리였다. 나는 어렸을 때부터 성게를 무척 좋아했다. 무심코 해변 구석에 숨어 있는 한 레스토랑의 메뉴판을 쳐다보았는데 평범한 피서지 식당 치고는 가격이 좀 비싸다는 생각이 들었다. 그리고 곧바로 그곳을 떠났다. 그리고 몇 달 후, 〈고미요〉 가이드를 넘겨 보던 나는 '페르피냥'[1] 편에서 국경을 넘어 자동차로 한 시간 정도 달리면 나오는 레스토랑 엘불리를 강력하게 추천하는 글을 읽었다. 이미 로뷔숑이나 상드랑과 동급인 최고 점수를 받은 곳이라고 했다. 그로부터 1년 후 1995년 7월, 나는 다시 엘불리를 찾았다. 첫 만남은 한마디로 충격이었다.

그때부터 운 좋게도 거의 매년 엘불리의 새로운 요리를 맛보고 페란 아드리아와 훌리 솔레르와 대화를 나눌 기회를 누렸다. 나는 그곳에서 잊을 수 없는 기쁨의 순간을 맛보았고 매번 더 큰 호기심에 사로잡혔다. 나는 그때의 느낌들, 그들과 나눈 대화들을 노트에 기록했고, 엘불리에 관한 모든 글들을 찾아 읽었다. 곧 마음 깊숙한 곳에서부터 놀라운 질문이 하나 떠올랐다. 만약 이곳이 단순한 레스토랑이 아니라 예술적 창조의 장소라면? 손님들이 그저 편안하게 식사를 하려고 오는 곳이 아니라 콘서트홀이나 전시 갤러리처럼 내밀한 감성을 추구하는 곳이라면?

---

1 프랑스와 스페인의 경계에 있는 도시.

그곳에서 한번쯤 식사하고 싶다고 꿈꾸는 모든 이들이 자주 던지는 질문이 있다. 그 음식들은 진짜인가? 그곳에서 사람들은 즐거움을 느끼는가? 요리가 지나치게 섬세한 건 아닐까? 혹은 너무 독창적인가? 간단히 대답할 수 없는 질문들이다. 철학적인 해명이 필요한 문제들이기 때문이다. 감각적 즐거움과 순수한 미학적 즐거움 사이에는 어떤 관계가 있을까? 어디까지가 기술이고 어디부터가 예술일까? 오직 타자와 자신을 구별하는 것에만 신경을 쓰는 빈곤한 독창성과 새로운 스타일을 발명하고 타자에게 영감을 주는 창조적인 독창성은 어떻게 다른가?

리처드 해밀턴 기자[2]는 페란 아드리아가 만든 것을 '요리'라고 말하는 것은 셰익스피어의 작품을 '문학'이라고 정의하는 것만큼 불필요한 일이라고 말한다. 그 말이 사실일지도 모른다. 먹기 위해 무언가를 만드는 일은 우리가 흔히 '순수 예술'beaux arts이라고 부르는 것의 반열에 들어갈 자격이 없는 것일까? "이건 더 이상 요리가 아니다"라고 말할 때는 보통 두 가지 경우가 있는데 첫 번째는 이 책의 경우에 해당되며 여러 가지 근거를 들어 요리를 예술적 창조로 간주하는 것이다. 반면, 인상주의나 입체파의 작품들을 보고 더 이상 회화가 아니라고 하거나 모차르트의 곡에는 음표가 너무 많다고 말하는 이들처럼 "이건 요리가 아니다"라고 말하는 경우도 있다. 소위 '천재'로 인정받은 예술가 치고 '진정한 아름다움', '자연스러움', '전통', '좋은 취향'과 단절했다는 이유로 비난받지 않은 경우는 드물다.

시간이 지나면서 새로운 질문들이 꼬리에 꼬리를 물었다. 나는 산만하게 기록해 두었던 질문들을 정리하여 페란 아드리아에게 전달했다. 시간이 흐르고, 엘불리는 금세 전 세계 사람들에게 하나의 전설적인 장

2　페란 아드리아와 오랫동안 절친한 관계였으며 공동 작업을 기획하기도 한 영국 팝 아트의 대가 Richard Hamilton을 기자로 착각한 듯하다.

초콜릿 엠파나다와 유칼립투스 아이스크림
Empanadilla de chocolate con helado de eucalipto, 2004.

소가 되었다. 그러나 그곳의 요리사는 조금도 변함없이 창조적인 작업을 계속해 나갔다. 그들은 시간에 등 떠밀려 변해 가는 대신 창조를 지속하기 위해 더 많은 시간을 필요로 했다. 2001년부터 엘불리는 저녁에만 문을 열었고 하루 50여 명의 손님만 받았다. 그리고 1년 중 6개월은 영업을 하지 않았다. 창조하기 위해서는 또한 자신의 작품을 완전히 통제할 수 있어야 한다. 엘불리의 고객들은 메뉴 선택권이 없다. 매년 완전히 새롭게 개발된 메뉴가 일괄적으로 제공된다. 매년 250만 명 정도가 엘불리에 식사 예약을 요청하지만 그중 8천 명 정도만 식사할 기회를 얻는다. 그럼에도 엘불리는 원칙을 버리지 않는다. 창조란 아무 조건에서나 가능한 것이 아니며, 페란 아드리아는 그에게 손짓하는 엄청난 돈의 유혹에도 전혀 굴복하지 않는다. 가격이라도 올렸더라면 좋았을 걸, 그마저도 하지 않았다. ─엘불리는 〈미슐랭 가이드〉에서 '별 셋'을 받은 레스토랑 중 가장 저렴하다─창조를 접할 자격을 선택하는 기준은 돈의 많고 적음이 아니라는 게 엘불리의 지론이다.

　페란 아드리아의 모든 작업은 결국 요리가 미학적 의미에서 순수 예술로 변형되는 것이 가능한가라는 동일한 질문을 제기한다. 이 책은 이질문에 대한 몇 가지 성찰을 담고 있다. 페란 아드리아가 자신의 요리─전 세계에 요리사로 이름을 날리고 요리의 미래를 개척했음에도 그는 요리 일반이 아니라 '자신의' 요리라고 강조한다─를 재발명하기 위해 엘불리의 문을 닫겠다고 선포한 즈음에 이 책이 나오게 된 것은 단순한 우연의 일치만은 아닐 것이다. 따라서 독자들 앞에 놓인 이 책은 이미 과거의 것이 되어 버린 작품들에 대한 이야기이다. 미네르바의 올빼미는 저녁이 되어서야 날개를 펴고 날아오른다는 헤겔의 말처럼 철학은 일단 현실이 전개된 후에 그것이 과거로부터 현재까지 운반해 온 의미를 규명하는 것에 관심이 있다. 지금까지 요리라는 분야는 인류 문화 전체에서 가장 근본적인 위치를 차지하고 있음에도 철학적 성찰의 대상에서 배제되어 왔다. 그런 의미에서 이 책은 과거보다 미래의 가능성들에 더 관심을 기울인다.

물론 얼핏 봐도 인류의 생존에 직결되는 더 중요한 철학적 문제들이 얼마든지 있다. 지구 행성은 불평등과 전쟁, 기아, 자연 자원의 파괴로 고통 받고 있다. 나는 이미 이런 주제들에 대해 수천 페이지의 글들을 썼고, 다양한 사회적 활동을 위해 많은 시간을 투자했다. 그러나 문화의 다양한 측면, 즐거움을 공유하는 다양한 가능성들이 빠진 인간 해방은 무력할뿐더러 무의미하다. 넓은 시각으로 깊이 들여다보면 예술을 통해 새로운 시각과 감정을 창조하는 것보다 더 혁명적인 것은 없다.

참된 인간성은 구석기 시대 예술에서 탄생하여, 우리의 감수성과 지성을 형성하는 데 기여한 모든 모차르트들과 함께 활짝 피어났다. 우리의 가장 동물적인 측면에 해당하는, 생존과 직결되는 이 영양 섭취의 영역에 예술적 행위가 개입하는 것은 분명 하나의 사건이다. 철학이 이것을 그냥 지나칠 수는 없다.

1

칸트의 레시피: 미식이성비판

Un artiste en cuisine?

❖

철학자가 요리에 대해 글을 쓰려고 할 때 처음 만나는 실질적 어려움은 철학적 전통 속에 요리가 단지 부차적인 주제로만 등장했다는 사실에 있다. 과거 철학자들이 무엇을 먹었는지를 검토한 예가 있긴 하다. 19세기에 니체는 일종의 '소화기관의 무의식'이 사상의 형태에 영향을 미칠 가능성을 주장했다. 예를 들면, 말린 과일과 구운 고기 등이 나오는 지중해 지역의 식사는 먹기 부담스럽지 않고 소화도 빠르다. 그 지역 사람들의 생각이 가볍고 유쾌하고 노래하는 듯한 형태를 보이는 것은 이 때문이다. 반면 소화하기 힘든 감자와 소시지 요리를 먹는 독일 사람들의 사상은 무거울 수밖에 없다는 게 니체의 생각이었다. 니체가 사랑한 여인이자 프로이트의 제자였던 루 안드레아스 살로메 역시 프로이트에게 같은 생각을 피력한 적이 있지만 동의를 얻지 못했다. 어쨌든 이 예들 속에서는 요리를 미학적·철학적 성찰의 대상인 문화적 행위로 간주하려는 노력은 찾아볼 수가 없다.

대부분의 철학자들에게 먹는다는 행위는 인간의 동물성을 드러내 보여 주는 전형적인 욕구의 하나이다. 욕구를 넘어선 식욕은 욕망이다. 이 욕망은 우리의 건강이나 행복과 무관한 의존적 열정의 전형적인 예이다. 플라톤은 《고르기아스》에서 저열한 감각적 삶과 영혼의 추상적 고양을 분명하게 구별하고자 했다. 플라톤은 그 예로 맛있는 것을 만드는 요리사와 건강에 좋은 것을 만드는 의사를 대비시킨다. 맛은 좋지만 생명에 해가 되는 것이 있고 고약한 맛이지만 건강에 이로운 것도 있다. 감각과 쾌락을 비난하는 것에 반대하며 행복론을 펼쳤던 아리스토텔레스 역시 음식을 섭취하는 것에 대해서만큼은 인간을 식물과 동물의 수준과 동급으로 보았다. 고대 그리스의 시니컬한 철학자 디오게네스는 아테네의 비인간적 문명 앞에서 자신의 참된 인간성을 증명하기 위해 마치 개가 먹이를 먹듯이 땅에 떨어진 음식들을 주워 먹었다고 한다. 가식적인 욕구나 욕망으로부터 자유로워지기 위한 일상적인 훈련 같은 것이었다. 디오게네스를 그 누구보다 존경하던 알렉산드로스 대왕은 코린토스로 매일같이 그를 찾아와 단둘이 점심을 들자고 청했으나 디오게네스는 자신이 원하는 시간에 원하는 것을 먹을 수 없다는 이유로 왕의 청을 거절했다.

인간에게 모든 쾌락은 선이며 행복한 삶은 생과일 향이 나는 술과 같다고 말했던 에피쿠로스조차도 미각의 즐거움에 사로잡히다보면 의존 상태에 빠지게 되고 영혼이 혼란에 사로잡힐 수 있다고 경고했다. 《메노세우스에게 보내는 편지》에서 그는 "음식을 간소하게 먹는 습관"을 찬양했다. (에피쿠로스는 이런 습관이 "진수성찬을 더 맛있게 즐길 수 있게 해 준다"고 덧붙였다. 결국 그의 주장은 창조적인 요리에 관심을 가지는 사람의 관점에 부합한다.) 스토아학파 철학자들은 우리 의지로 어쩔 수 없는 모든 것들을 멀리하려는 이런 태도를 극단까지 밀고 나갔다. 그 결과 '갖다'avoir는 '이다'être의 자족성autosuffisance에 자리를 내주게 되었다. 우리는 즐거움을 '갖는다'avoir du plaisir고 하고, 행복'하다'être heureux고 말한다.[3] 그리고 요리, 음식, 미각적 즐거움 등은 모두 '갖는다'는 동사와 관련된다. 우리는 예술적 창조 속에서 이 '갖다'avoir는 동사가 행복한 존재être의 구축과 하나로 어울릴 수 있는지 자문해 보아야 한다. 고대 철학자들이 예술이나 요리에 대해 생각한 방식은 오늘날 우리의 사고방식과 달랐다. 고대 철학 속에서 요리의 맛과 관련된 철학을 발견하기는 힘들다. 뒤에서 다시 설명하겠지만 당시 사람들은 요리를 우선 위생의 관점에서 바라보았다.

---

[3] 원문의 의도를 살리기 위해 일부러 어색함을 무릅쓰고 '즐거움을 갖는다'라고 옮겼다. 프랑스어에서는 추위, 더위, 배고픔, 갈증 등 몸의 상태를 표현할 때 영어의 'have' 동사에 해당하는 'avoir' 동사를 사용하는 경우가 많다.

사탕무 브라소와 요구르트 *Brazo de remolacha y yogur*

몇 세기를 훌쩍 뛰어넘어 후대로 와 보자. 우리가 지금 필요로 하는
이론적 수단은 중세의 기독교적 세계나 르네상스 시대에서도 찾기 힘들
다. 귀족들이 성에 모여 긴 밤 내내 연회를 열고 흥청망청 먹고 마시는
일이 잦았던 시대임에도 그렇다. 종교에서 말하는 생명의 빵과 포도주,
귀족들이 흥청망청 벌이던 연회 사이 어딘가에 위치한 당시의 요리를 예

술로 간주할 수는 없다. 이른바 위장의 법칙gastro-nomie 4을 논할 때, 라블레와 파스칼의 입장은 모든 면에서 반대편에 서 있었다. 그러나 어느 쪽도 엘불리의 예술에 대한 우리의 성찰에 큰 도움이 되지는 않는다. 산토끼 고기를 한입에(1kg쯤?) 삼키려다가 질식해서 죽었다고 알려지는 라 메트리의 철학 속에서도, 가난한 이들에 대한 모욕이자 낭비라며 잔치를 즐기는 이들과 멀리한 루소의 철학에서도 요리를 예술로 간주하는 관점을 찾아보기는 힘들다.

반면, 임마누엘 칸트는 우리의 질문에 대한 답을 찾는 데 결정적인 도움을 줄 수 있을 것으로 보인다. 그가 '미식이성비판' 따위의 저서를 쓴 것은 아니지만, 그의 철학 속에서 미학에 대한 현대적 성찰이 최초로 등장하기 때문이다. 우선 그는 우리의 행위를 결정짓는 자연적인 성향들을 '근본악'의 일종으로 간주했으며, 이것이 오로지 이성에 의해서만 이해 가능한 (항상 실현 가능한 것은 아닌) 자유를 방해한다고 보았다. 따라서 칸트의 철학에서는 영양 섭취 행위 자체가 인간의 가장 고귀한 행위로 간주될 위험은 없다. 칸트는 최초로 기술적·물질적 필요의 충족, 타산적인 감각적 쾌락에 근본적으로 대립하는 창조로서 예술의 개념을 정초했다. 이 개념은 요리가 예술의 지위를 획득하기 위한 기준이 될 수 있다. 물론 칸트의 미학 이론이 완전무결한 것은 아니지만, 내가 보기에는 칸트야말로 엘불리가 우리에게 제기하는 다음과 같은 질문들에 답할 수 있는 철학자이다. 요리인가, 예술인가? 감각적 쾌락인가, 영혼과 감각의 동시적 쾌락인가? 재료의 섭취인가, 감정의 내면화인가?

여기서 칸트의 미학 이론▪을 자세하게 소개하고 논할 생각은 없다.

---

4 프랑스어의 gastronomie는 위胃를 뜻하는 접두사 'gasro'와 법法, 학學을 뜻하는 접미사 'nomie'가 결합된 말이다. 한국어로는 '미식법'美食法 정도로 번역이 가능하다. 여기서 저자는 의도적으로 이 말의 어원을 풀어 썼다.

▪ 칸트의 미학 이론에 대해 더 정확히, 자세히 알고 싶다면 Alain Renault가 번역하

대신 우리가 제기한 질문의 답을 얻기 위해 몇 가지 근본 개념들을 개략적으로 살펴보는 것으로 충분할 것이다. 나는 예술 작품을 인간의 다른 모든 생산물과 분명하게 구분할 수 있는 다섯 가지 기준을 제시하려고 한다. 각각의 경우마다 일반적인 의미에서 '위대한 요리'라고 불리는 것들과 페란 아드리아의 개성적인 요리를 대조할 것이다. 요리는 예술 작품이 될 수 있는가, 그런 예술적 측면이 페란 아드리아의 작업에 고유성을 부여하는가라는 질문의 답을 찾는 것이 이 책의 목적이다. 책을 읽어 가면서 관련 의미를 쉽게 상기할 수 있도록 각 기준에 간단한 이름을 붙어 보았다.

첫 번째 기준: 독창성

우리는 풍화작용을 겪은 바위, 파도에 의해 우연적으로 특정한 형태가 된 채 흩어져 있는 자갈 등을 예술이라고 말하지 않는다. 일반적인 생산을 위한 인간의 문화적 활동으로서 모든 기술은 규칙을 필요로 한다. 원하는 결과를 얻기 위해 배워야 하는 이 규칙을 우리는 레시피recette라고 부른다. 이 레시피 덕분에 우리 각자는 인류의 역사 속에서 각 분야마다 축적된 발명들을 자기 것처럼 사용할 수 있다.

칸트가 일반적인 의미에서 기술의 성격을 규정하기 위해 이 '레시피'라는 단어를 사용한 것은 우리의 주제와 관련해서 참으로 흥미롭다. 더욱이 요리법과 관련해서 많이 쓰이는 단어 아닌가. 레시피를 배우고 실현하는 것은 특정한 맛의 기준에 따라 요리를 만들고자 하는 사람이 가장 먼저 해야 할 일이다. 이는 목수, 전기공, 피아니스트, 화가들에게도 마찬가지이다.

고 Garnier-Flammarion에서 출간된 《Critique de la faculté de juger》(칸트 저, 백종현 역, 《판단력 비판》, 아카넷, 2009), 특히 181~220, 293~299쪽을 읽어 볼 것을 권한다.

바닐라 칩 *chip de vainilla*, 2009.

박하 향 연못 *Estanque mentolado, 2009.*

우리는 앞으로 페란 아드리아가 과거와 현대의 레시피를 '배울 줄 알
았다'는 말이 무슨 의미인지를 보게 될 것이다. 그러나 레시피에만 머물
경우 우리는 기본적으로 이미 존재하는 것들과만 관계하게 된다. 따라
서 모든 종류의 '창조' 개념과는 동떨어져 있다. 제작 행위가 시작되기
전부터 이미 존재해 온 규칙들에 우선적으로 의존하는 모든 기술은 아

직 예술이 아니며 말 그대로 기술적인 솜씨에 머무른다.

　예술적 창조 혹은 현대적 의미에서 말하는 순수한 예술이 되기 위해서는 '독창성'을 지니지 않으면 안 된다. 여기서 독창적^{original}이라 함은 다음 두 가지 의미에서이다. 첫째로 기존에 존재하는 모든 것과 달라야 한다. 둘째로 이미 존재하는 것을 모방하지 않고 스스로 창조해 내야 한다. 이것이 바로 칸트가 '천재'^{génie}라고 부른 것으로, 독창적인 작품을 창조할 줄 아는 실질적 능력을 뜻한다. 그러나 단지 남들이 만든 것과 다른 것만으로는 부족하다. 누구나 인류의 역사에 유일한 것으로 남을 그림을 그릴 수 있다! 아무 규칙도 없이 만들어진 이 '무분별한' 독창성은 불모이며 비생산적이다. 천재성은 단지 기존에 없던 새로운 것을 만들어 내는 것에 그치지 않고 다른 작품들의 모태가 된다. 기술적인 모방의 대상이 되는 것(칸트는 이를 '원숭이 시늉'이라고 불렀다)이 아니라 또 다른 독창적 작업에 '영감을 불어넣는 것'이다. 예술은 작품이 탄생하는 순간에 함께 창조되는 특정한 규칙들을 자신 속에 포함한다. 이 규칙들은 작품에서 작품으로 이어지며 존재를 지속하지만 미리 고안될 수는 없다. 기존에 없던 것을 만드는 '레시피'가 따로 있는 것은 아니기 때문이다. 하나의 스타일은 이렇게 탄생한다. 이는 작품이 만들어지기 전에 생각 속에서 미리 만들어지는 것이 아니라 작품과 함께 탄생한다. 배우이면서 동시에 관객인 예술가 자신에 의해 발견된다고 하는 편이 더 정확할 것이다. 페란 아드리아는 "창조한다는 것은 모방하지 않는 것"이라고 말한 프랑스의 요리사 자크 막시맹의 말에 감명을 받고 새로운 시도를 시작할 수 있게 되었다고 고백했다. 그러나 그는 자신의 창조적 요리 스타일로 일가를 이루겠다는 생각이 없었다. 그는 자신이 단지 새로운 기술을 가르친다고 주장했다. 그를 둘러싼 수많은 오해들은 아마도 그의 말을 잘못 해석한 결과인지도 모른다. 어쨌든 독창성이야말로 페란 아드리아의 작품에 적용하기 가장 쉬운 기준이다.

두 번째 기준: 보편성

취향은 그 대상이 회화든 요리든 상관없이 매우 주관적이며 각 문화와 개인에 따라 달라질 수 있다. 간단히 말해서 이 사람이 싫어하는 것을 저 사람은 좋아할 수 있고, 저 사람에게 즐거움을 주는 대상이 이 사람에게는 그렇지 않을 수 있다. 그러나 누군가 "이 작품은 내 마음에 들어"라고 말할 때 그는 사실 작품 자체에 대해서는 아무 말도 하지 않은 셈이다. 그보다는 그 자신, 즉 작품을 대하면서 그가 느끼거나 느끼지 않는 즐거움에 대해 말하고 있는 것이다. 만약 음악이나 영화에 대한 평가가 이 단계에 머무른다면, 시엠송과 쇼팽의 콘체르토, 최신 텔레비전 연속극과 비스콘티 혹은 채플린의 영화는 동등한 예술적 지위를 누리게 될 것이다. 결국 모든 것이 동등하니 예술은 존재하지 않는다는 결론에 이르게 된다. 이런 생각은 부조리하고 부당하다. 인류의 역사 전체가 이를 증명한다. 예술 작품들 중에는 수세기 혹은 수천 년 동안 인간의 감수성을 형성해 온 것들도 있다. 따라서 어떤 작품들은 무언가 더 수준 높고 특별한 것을 담고 있다고 봐야 한다. '아름다움'이라는 말은 바로 이 특별함과 관련되며, 순전히 즉각적인 쾌감과 관련된 감정 이상의 것을 가리킨다. "그 작품은 아름답다"고 할 때 우리는 우리 자신이 아니라 그 작품에 대해 말하고 있는 것이다. 굳이 아인슈타인의 상대성 이론이 공식적으로 틀렸다고 판명나지 않더라도 대다수의 사람들은 시간과 공간이 물질과 분리되어 존재할 수 없다는 사실을 받아들이지 않을 수 있다. 또한 많은 사람들이 바흐의 파르티타를 듣고도 별 감흥을 느끼지 않을 수도 있다. 그렇다고 그의 작품이 덜 '아름다운' 것은 아니다. 여기에 패러독스가 있다. 우리는 전혀 예술적이지 않은 대상을 보고 즐거움을 느낄 수 있고, '아름다운' 작품을 접하고도 아무런 감흥을 느끼지 않을 수도 있다. 한 작품의 아름다움은 처음엔 몇몇 예술가들의 눈에만 띈다. 그러다 점점 많은 작품들과 일상적인 대상에 영향을 미치게

태국 님프 *Ninfa thai, 2005.*

되면서 보편적인 것으로 인정받고 모든 이들에게 즐거움을 주는 작품의 반열에 오르게 된다.

우리가 지금 다루는 주제에서 이런 구별은 매우 중요하다. 즐거움에는 여러 종류가 있다. 비교적 즉각적인 방식으로 느끼는 감각적 즐거움이 있는가 하면, 일종의 문화적 학습을 필요로 하는 즐거움도 있다. 때로 매우 어려운 과정을 거쳐야 도달할 수 있는 즐거움도 있다. 전자의 즐거움이 상대적이고 주관적이라면 후자는 시간 속에서 모든 주관성을 뛰어넘는 경향이 있다. 전자는 오락, 쾌적함, 여유, 기분 전환 등(모든 사람들에게 필수적인 것들)과 연결되고, 후자는 예술, 미학적 창조, 아름다움 등과 관련된다. 물론 어떤 생산물들 속에서는 양자가 결합되기도 한다. 예를 들면 자동차 디자이너는 스스로 예술가를 자처하지 않고도 최신의 예술적 경향이 반영된 자동차 디자인을 내놓을 수 있다. 이처럼 각 개인의 취향에 따라 마음에 들거나 들지 않는 작품이 있는가 하면, 칸트가 "개념 없이 보편적으로 마음에 든다"■고 한 작품들도 있다.

이 구별을 요리법에 적용해 볼 수도 있다. 한편에는 새로운 것을 창조하기보다는 자신이 속한 문화적 전통 속에서 먹음직스러운 음식을 만들어 내는 요리가 있고, 다른 한편에는 고객들에게 새로운 맛과 질감을 발견하게 해주고 나아가 전통 자체까지 변형하는 셰프의 요리가 있다. 전통의 변화는 긴 시간 속에서 천천히 진행된다. 그리고 무언가가 보편성을 획득하는 것은 회고적인 방식을 통해서만 가능하다. 패스트푸드점의 특정 메뉴가 한 세대 전체의 입맛을 사로잡고 중독적인 즐거움을 제공할 수는 있지만, 그렇다고 미식법의 위계 속에서 정상의 위치를 점하는 요리들보다 더 우월해지는 것은 아니다. 마찬가지로, 효모를

■ 이를테면 개념적 증명 덕분에 보편적 가치를 지니게 된 수학과는 다르다. 예술에서는 이것이 불가능하다.

잔뜩 사용하고 대팻밥을 넣어 숙성시킨 와인들이 많은 '소비자들'에게 큰 인기를 끌 수도 있다. 그렇다고 미시옹 오 브리옹이나 레야스 같은 와인들과 어깨를 나란히 견줄 자격을 얻는 것은 결코 아니다.

페란 아드리아는 자신이 온 지구가 인정하는 어떤 보편적인 요리를 창조했다는 식으로 주장하지 않는다. 다른 모든 예술가들처럼 그는 '자신의' 요리를 창조하기 위해 해를 거듭하면서 수도 없이 많은 요리를 만들었다. 그런데 그의 작업은 다른 요리사들이 이전에 제기하지 않았던 새로운 질문을 제기한다. 그가 창조한 것 속에 그의 영향력이 보편적임을 설명할 수 있는 무언가 매우 특별하고 새로운 것이 있는가? 예전에는 이 보편성의 기준을 만족시킬 수 있는 사람이 소수의 화가, 음악가, 시인들이었다면, 페란 아드리아는 혹시 그 일을 해낸 최초의 요리사가 아닐까?

세 번째 기준: 재현

이 기준은 요리의 창조와 관련하여 가장 많은 문제점을 제기한다. 왜 그런지 간단히 살펴보자. 내가 만일 "이 작품은 아름답다"고 말한다면 나는 이 작품이 재현하는 대상이 아니라 그 대상을 재현하는 방식이 아름답다고 말하는 것이다. 고야의 작품 〈제 자식들을 집어삼키는 사투르누스〉를 예로 들어 보자. 나는 그 속에 격렬하게 묘사된 끔찍한 죽음을 아름답다고 느끼지 않고도 그 그림을 아름답다고 생각할 수 있다. 반대로 한 화가가 그린 그림을 보고 표현 방식에 아무런 흥미를 느끼지 않으면서도 그림 속 인물이 아름답다고 느낄 수도 있다. 전자의 경우 내게 즐거움을 준 것은 그림이다. 후자의 경우는 어딘가에 존재할 그 그림의 모델이 내 관심을 끄는 것이다. 전자의 관점이 미학적 평가라면 후자는 욕망에 가깝다. 칸트는 바로 이런 의미에서 예술을 '사심 없는 만족'이라고 불렀다. 이는 한 '재현' 앞에서 영혼이 느끼는 즐거움이다. 아

구성 중인 요리 *Plato en construcción*

름다움은 아름다운 것의 재현이 아니라 어떤 대상의 아름다운 재현 속에 있는 것이다.

이 '재현의 기준'은 최소한 두 영역에서 문제를 제기한다. 우선 음악과 관련해서이다. 음악은 외부의 어떤 것도 재현하지 않는 예술 장르이다. 굳이 대상을 찾자면 영혼의 운동 같은 것? 니체의 말을 빌리면, 음악은 열정 그 자체를 즐기기 위한 수단이다. 따라서 음악은 '무엇인가를 아름답게 재현한 것'이 아니다. 음악은 기본적으로 아무것도 재현하지 않는다. 칸트는 이 부분에 대해 우연히 몇 마디 남긴 게 전부이다. 그는 재현의 기준이 명백하게 드러나는 회화에 대해 더 집중적으로 고찰했다. 그러나 요리의 경우 이 기준은 극복하기 매우 힘든 일련의 문제들을 제기한다.

사실상 요리법이라는 것은 섭취, 소화 등을 목적으로 존재한다. 다시 말해 우리의 가장 동물적인 측면과 관계하며, 욕구, 욕망, 소비, 이해 등이 개입하지 않을 수 없다. 따라서 창조된 요리를 칸트가 말한 의미에서 '사심 없는 판단'의 대상으로 삼는 것은 어려운 일이다. 칸트는 이런 종류의 아름다움을 본래적 의미에서 예술의 특징인 '자유로운 아름다움'과 대비하여 '집착하는 아름다움'이라고 명명했다. 전자의 경우를 자유롭다고 하는 이유는 어떤 육체적 욕구나 욕망에 의해서도 규정되지 않는, 순수하게 관조적인 아름다움이기 때문이다. 실제로 회화 작품이나 시를 보고 느끼는 즐거움은 그것을 '소비하는' 욕망을 낳지는 않는다. 반면, '아름다운' 가구나 '예쁜' 접시에서 우리는 '집착하는 아름다움'을 발견한다. 그렇다면 우리는 '아름다운' 요리에 대해 말할 수 있을까? 이 경우 우리의 머릿속에 먼저 떠오르는 형용사는 (맛이) '좋은'bon이다. 물론 도덕적인 의미에서 선하다는 뜻이 아니라 감각적이고 관능적인 쾌감의 의미에서 좋다는 뜻이다.[5]

한마디로 요리를 '예술'로 간주할 수 있으려면 이 '좋은 것'bon에서 '아름다운 것'beau으로 건너가야 한다. 이게 가능하려면 여러 조건들이 필요한데 그것들을 모두 만족시키는 것은 불가능해 보인다. 무엇보다 요리를 만드는 일을 영양 섭취 행위 혹은 단순한 식도락과 분리할 필요가 있다. 감각적인 즐거움을 이보다 좀 더 지적인, 다른 성격의 즐거움으로 대체하기 위해서이다. 나는 비물질화dématérialisation, 눈속임, 놀라움, 해체, 개념화 등 페란 아드리아가 이룬 모든 종류의 혁신이 이 궁극적인 목표를 향하고 있음을 보여 주고자 한다. 그는 기회가 있을 때마다 이 점을 분명히 했다. 이에 대해서는 뒤에서 더 자세히 살펴볼 것이다. 요리의 순수하게 기술적인 측면이 기술 이상의 다른 목표를 실현하기 위한 근본적인 수단이 된 것은 페란 아드리아가 일부러 이런 예술의 길을 선택했기 때문이다. 그런데 운명의 역설이라고 해야 하나. 어떤 이들은 그를 전통적인 요리법 속에 존재하는 신비로운 '자연' 같은 것과 단절한 요리의 화학자 혹은 연금술사로 묘사한다.

감각적인 욕망의 극복을 요구하는 이 '재현의 기준'은 그 속에 또 하나의 기준을 품고 있다. 이 기준은 외부의 것을 재현할 가능성 혹은 최소한 단순한 감각 이상의 것을 표현할 가능성을 열어 준다.

네 번째 기준: 오성悟性의 확장

회화나 음악처럼 단순한 감각 이상을 표현하는 행위 속에서 예술은 현실과 자아에 대한 지식을 확장하고 심화할 수 있도록 해 준다. 칸트에게 이 지식은 무엇보다 우선 오성의 영역에 속한다. 그런데 오성에 부과된 개념적 제약 때문에 이 지식은 공동의 언어로 말해지고 구조화될 수 있는 것에 한정된다. 그러나 예술은 이처럼 표현 불가라는 제약에서 자

---

5   프랑스어로 맛있다고 할 때 보통 'bon'이라는 형용사를 쓴다. 이 단어에는 '좋은', '선량한'의 의미도 있다.

번려지 열매 가루와 커피, 풍첩초 *Polvo-lyo de guanabana con café y alcaparras*

유로우며 "아직 미완성이지만 풍부한 내용을 함축한", 그리고 "아마도 타인에게 전달될 수 있는" 재료를 오성에 제공해 준다. 칸트가 이런 의미에서 예술이라고 부를 수 있는 무언가를 고찰할 때 사용하는 말들은 우리가 한 끼의 식사에 대해 말할 때도 동일한 의미를 간직할 수 있을까?

우리는 앞으로 페란 아드리아가 오성과 성찰이라는 우회로를 통해 평범한 식사를 하면서 느끼는 즐거움을 뛰어넘는 새로운 형태의 즐거움을 창조해 가는 과정을 보게 될 것이다.

다섯 번째 기준: 엘리아스와 베커 Elias & Becker

다섯 번째 기준의 경우 두 명의 미학 이론가, 하워드 S. 베커와 노베르트 엘리아스의 이름을 그대로 갖다 붙이는 것 말고 더 좋은 방법은 없는 것 같다.

하나의 미학적 혁신이 지속적인 효과를 생산하기 위해서는 지지자들 전체가 안정적이고 규칙적인 방식으로 협력 관계를 맺어야 한다. 그러지 않을 경우 그 지속성을 장담할 수 없게 된다.▪ 베커는 "예술의 변화는 예술계 내의 변화를 통해 이루어진다"고 밀한다. 요리의 세계 역시 이런 집단을 거느리고 있다. 견습 요리사들, 서로를 방문하는 셰프들, 레스토랑 가이드, 요리 비평가들, 세계 전역을 누비며 요리를 맛보는 여행자 등등. 페란 아드리아야말로 전형적인 에이다. 그는 스페인 요리에서 출발하여 프랑스의 모든 전통 레시피를 배우고 프랑스 내의 모든 유명 레스토랑들을 두루 돌아봤다. 그리고 '누벨 퀴진'nouvelle cuisine 6에 입문하

---

6 그대로 옮기면 '새로운 요리'라는 뜻이다. 1970년대 초 요리비평가 크리스티앙 미요와 앙리 골이 처음 사용한 말로, 재료의 본래적 풍미, 질감, 색조를 살리고 채소를 많이 사용하는 등 영양학적으로 고려된 새로운 스타일의 요리를 지칭한다.

▪ Howard S. Becker, 《Les mondes de l'art》, 1982. (Flammarion판 1988년 출간), 302~309쪽.

검은 트루파 트루피타스 *Trufitas de trufa negra*

고 전 세계를 여행했다. 반대로, 전 세계 유명 셰프 치고 그의 레스토랑과 주방을 방문하지 않은 사람은 없으며 그를 거쳐 간 견습 요리사들은 오늘날 세계 곳곳에서 최고의 재능을 인정받고 있다! 페란 아드리아가 왜 그리고 어떻게 공동의 유산에서 시작하여 일반적인 방법론을 벗어났는지, 그리고 엄청난 경쟁과 질투심이 지배하는 업계에서 전 세계적으로 그 누구와도 비교할 수 없는 독보적 위치에 오를 수 있었는지에 대한 질문이 아직 우리에게 남아 있다.

이런 종류의 '천재성'은 유전학의 모든 법칙에 도전하는 선천적 재능에 대한 믿음을 강화한다. 이런 현상을 설명하기란 쉽지 않다. 근본적으로 베일에 쌓인 정신현상의 독창성을 완전하게 설명하는 것은 불가능하다. 노베르트 엘리아스는 '천재'로서 가장 많은 칭송을 듣고 유명해진 한 음악가에 대한 책을 집필하다가 아쉽게도 미완성인 채로 남겨두고 세상을 떠났다. 제목은 《모차르트: 한 천재에 대한 사회학적 고찰》■이었다. 아들을 통해 자신의 꿈을 실현하고자 했던 모차르트의 아버지는 아들을 혹독하게 교육했다. 천재적 재능을 타고 난 그는 마치 서커스단의 동물처럼 유럽의 모든 궁궐들을 돌아볼 기회를 누렸다. 덕분에 모차르트는 당시의 모든 음악을 직접 들어 본 유일한 사람이 되었다. (음반이 없던 당시는 그처럼 직접 일주를 하는 방법 밖에 없었다.) 소년 모차르트는 오스트리아, 독일 남부와 북부, 파리, 런던, 빈, 이탈리아 등지를 돌아다니며 서로 다른 음악을 듣고 연주했다. 그 과정에서 그는 하이든과 같은 거장들의 도움을 받기도 했다. 모차르트는 모든 것을 모방했다. 칸트의 표현을 빌면 '원숭이 짓'을 했다. 그만의 개인적인 스타일이 생긴 것은 그 후의 일이다. 그 때까지 모차르트는 매우 혹독하게 연습을 해

■ Norbert Elias, 《Mozart, sociologie d'un génie》, Seuil, 1991, 104~174쪽. [박미애 역, 《모차르트: 한 천재에 대한 사회학적 고찰》, 문학동네, 1999.]

야 했다. 그의 편지들은 그가 얼마나 독특한 심리적 환경 속에 있었는지를 보여 준다. 아버지가 그를 대신해 말하고, 사람들을 만나고, 결정했다. 따라서 모차르트에게 아버지와의 결별은 창조성을 펼치기 위한 조건이나 다름없었다. 모든 예술가들은 자신만의 개성과 독특한 무의식세계를 가지고 있다. 그러나 이미 창조된 것, 즉 더 이상 창조할 필요가 없는 모든 것들을 모방하는 열정적인 연마의 과정을 거치지 않으면 안된다.

예술가를 조건 짓는 특정 '세계'에서 독창적인 창조물이 부화하는 데 큰 걸림돌이 되는 것이 하나 더 있다. 엘리아스는 그러한 환경 속에서 성장해 나가는 모차르트의 음악적 세계를 훌륭하게 묘사한다. 이 세계는 중세와 르네상스 시대 유럽의 대부분 지역이 그렇듯 주문생산이 아직 지배적이었다. 주문을 받고 일하는 예술가들은 돈을 지불하는 고객들의 취향에 맞추지 않을 도리가 없다. 예술가가 "자신이 아는 특정 고객을 위해 일종의 수공예품을 생산할 때" 이는 근본적으로 기존의 규칙과 관습에 연결된 사회적 목표 달성을 위한 것이 된다. "창조자의 개인적 상상력은 소비자의 권력에 의해 보장되고 전통에 의해 신성화된 예술적 창조의 규준canon에 종속된다."■ 따라서 비범한 작품들을 만들어 호기심을 불러일으키고 유명해져서 시대의 거장이 된 이들 중에는 주류에서 배제된 예술가들 혹은 소수 예술가 집단이 많았다.

요리 업계의 조건은 엘리아스가 묘사한 모차르트를 둘러싼 음악적 환경보다 더 엄격하다. 요리를 계속하기 위해서는 고객들이 계속 와 주어야 한다. 비평가들에게 좋은 평가를 받아야 하고, 재능 있는 요리사들을 여럿 고용하고, 좋은 품질의 조리 기구들을 구입하고, 레스토랑 수준에 맞는 외관을 갖추고, 격이 높은 즉, 비싼 와인들을 확보하려면 그

■ 같은 책 77쪽.

만큼 매상이 올라서 돈이 들어와야 한다. 유명 셰프들이 당대의 지배적인 관습이 주도하는 요리 업계의 정상 자리를 차지하려고 발버둥치는 이유이다. 나는 이런 모든 제약들을 벗어나 완전히 새로운 스타일을 창조하는 것과 관련된 모든 방식을 '엘리아스와 베커의 기준'이라고 명명하고 싶다. 회화, 음악, 문학에서도 매우 드물게 일어나는 이런 사건은 요리에서는 당연히 일어난 적조차 없다.

우리는 앞으로 페란 아드리아가 어떤 과정을 거쳐서 자기 자신이 될수 있었는지를 보게 될 것이다. 독특한 경로로 '예술의 세계'에 입문한 뒤 크레우스 곶 구석에 숨어 있는 레스토랑에서 일하며 다른 '스타' 요리사들과 전혀 다른 방식으로 레스토랑을 경영하고―고객 수를 최소한으로 엄격하게 제한하고, 가격이 아닌 다른 방식을 통해 고객들에게 기회를 주고, 마치 화가가 전시회를 열듯이 고객들에게 일괄적으로 요리를 제공하고―모든 장르의 예술가들과 활발히 교류하는 등, 이 모든 행보 하나하나가 페란 아드리아를 전례를 찾아보기 힘든 창조적 요리사로 만드는 데 일조했다.

물론 같은 조건 속에서 같은 이력을 쌓았어도 그 결과는 그저 수많은 '좋은 레스토랑들' 중 하나인 '좋은 레스토랑'의 탄생으로 그쳤을 수도 있다. 그러나 페란 아드리아는 거기서 멈추지 않았다. 그는 해를 거듭하면서 하나씩 차근차근 위에서 언급한 기준들에 부합하는 결과들을 만들어 냈다. 그 시작은 첫 번째 기준 즉, 창조를 단순한 모방 혹은 영감에 의한 모방과 근본적으로 구분해 주는 '창조성의 기준'이었다.

페란 아드리아가 이 기준에 완전히 부합한다고 믿게 된 것은 결정적으로 엘불리에서 저녁 식사를 할 기회를 갖고 나서였다.

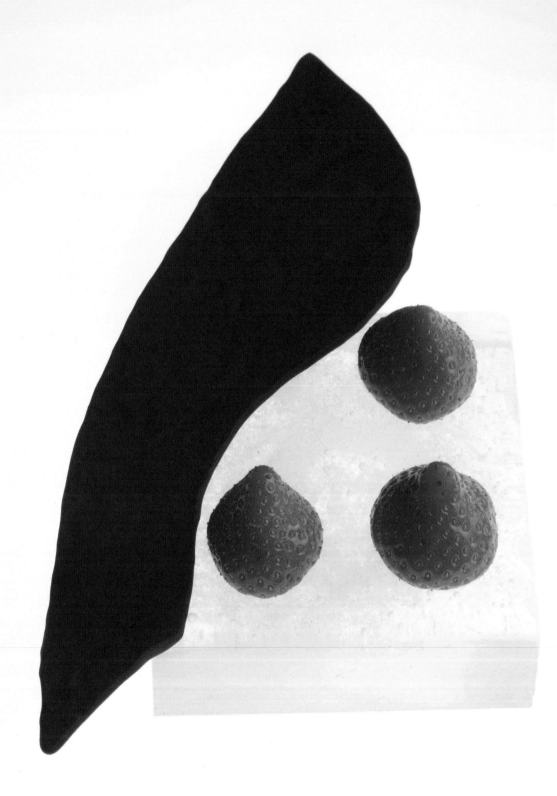

2

멜론의 이데아를 찾아서

Dîner à elBulli

❖

멋진 저녁 식사를 즐기기 위해서는 미리부터 마음의 준비가 되어 있어야 한다. 이것은 아무리 강조해도 지나치지 않다. 요리에 대한 비평을 읽으면서 전설적인 맛과 스타일에 대한 정보를 접하고 나면 우리의 정신과 미각은 상상력으로 가득 차고 어서 빨리 그 멋진 저녁을 경험해 보고 싶은 욕망에 사로잡히게 된다. 그리고 마침내 그 날이 오면 먹는 것과 마시는 것에 각별히 신경을 써야 한다. 중요한 연주회에 가기 전 시엠송 따위를 들으며 청각을 오염시키지 말아야 하는 것과 같은 이치이다. 소크라테스가 '텅 빈' 상태로 임해야 진정한 대화를 할 수 있다고 말했듯이 순수하고 열린 마음으로 미지의 것을 만날 준비가 되어 있어야 한다. 좋은 컨디션으로, 상상력과 욕망으로 가득한, 유쾌한 마음으로 음식을 맛보러 가야 한다. 물론 혼자보다는 사랑하는 사람과 단둘이 혹은 지인들과 화기애애하고 우정 어린 분위기 속에서 하는 식사가 좋다. 가장 피해야 할 것은 요리를 맛보는 즐거움 따위에 관심이 없고 요리와 무관한 얘기에만 열중하는 사람과 한 테이블에서 식사하는 것이다. 엘불리에서 이런 기본적인 요소들은 절대적인 것이 된다. 일테면, 공연을 보면서 소음을 내서는 안 된다는 원칙만큼 중요하다. 한 번은 내 바로 옆 테이블에 둘러앉은 세 쌍의 커플이 엘불리에서 저녁 식사를 하게 된 것이 너무도 자랑스러운 나머지 천박한 목소리로 시끄럽게 떠들어 댄 적이 있다. (그들은 아마 지금도 "거기서 식사를 해 봤다"고 자랑하며 떠들고 있을 것이다.) 그들은 자신들이 정말 어디에 있는지 알고나 있었던 걸까? 나는 그때 급히 뛰어온 훌리 솔레르의 표정이 어두워지는 것을 보았다. 그는 우리 자리를 테라스 쪽으로 옮겨 주었다. 덕분에 우리는 왕족처럼 우아하게 식사를 마칠 수 있었다. 그곳이 만약 오페라 극장이었다면 그들은 조용히 해달라고 요청 받거나 쫓겨났을 것이다. 엘불리에서도 그런

행동은 똑같이 실례가 되는 것이다.

엘불리에 예약을 하고 몇 달이 지나갔다. 그리고 드디어 디데이가 되었다. 하루 종일 시간이 왜 그토록 더디게 흐르던지. 우리는 작은 해변마을인 카다케스와 크레우스 곶의 암벽들을 둘러보았다. 그리고 마침내 출발 시간이 되었고 우리는 레스토랑으로 이동했다. 로사스의 작은 길 한 쪽에 칼라 몬트호이 방향을 알리는 표지판이 서 있다. 바위 한쪽에 엘불리라는 이름의 유래가 된 불도그 얼굴을 묘사한 작은 그림이 그려져 있는 건 아는 사람만 안다. 그곳에서부터 멀리 바다와 함께 만 반대편으로 에스타르티트와 암푸리아스 그리스-로마 유적지가 내려다보이는 구불구불한 좁은 길을 따라 6km를 더 달려야 한다. 몇 년 전만 해도 흙과 자갈로 뒤덮인 비포장 도로였지만, 다행히 그 후에 말끔히 포장되었다. 엘불리를 위한 어여쁜 요정의 선물인지도 모르겠다.

엘불리에 처음 발을 들여놓을 때는 살짝 가슴이 설레었다. 그런데 두 번째, 세 번째 방문 때는 가슴이 더 두근거렸다. 매번의 방문이 사실상 처음이라는 사실을 깨닫게 되었기 때문이다. 네 시간여 동안 손님들은 30~40번 정도의 놀라움과 감동, 강렬한 즐거움의 순간들을 경험한다. 그들은 그것이 단지 허기를 채우는 것, 식탐을 만족시키는 것, 요리의 비법을 재발견하는 것과는 전혀 다른 경험이라는 것을 금세 깨닫는다. 우리는 천재 바이올린 연주자가 자신의 한계를 드러내는 순간에 오히려 그의 천재성을 깨닫는다. 마찬가지로 엘불리의 기술적 완성도는 당연한 것처럼 여겨지고 결과 속에 가려 보이지 않는다. 접시가 비워지고 조형 예술적 배경 위에 맛의 멜로디들만이 남는 것이다. 소위 천재로 불리는 다른 셰프들도 똑같은 찬사를 받을 수는 있다. 하지만 페란 아드리아의 요리가 사람들을 놀라게 하고, 감동을 주고, 어리둥절하게 만드는 것은 단지 기술적 노하우나 도구의 사용을 그 이전에는 아무도 생각하지 못했던 한계 너머까지 밀고 갔기 때문만은 아니다. 그 놀라움은 우

캐러멜 메추리알 *Huevo de codorinz caramelizado, 1996.*

선 우리 자신의 감동과 성찰, 기쁨, 그리고 웃음에서 나온다.

이 놀라움이 어떤 것인지를 보여 주기 위해 머릿속에 떠오르는 기억 몇 가지를 소개하겠다. 1996년에 그곳에서 식사한 기억이 지금도 생생하다. 나는 최고의 작품들을 맛보았다. 마늘을 곁들인 아몬드 아이스크림, 가스파초 랑구스틴, 배가 들어간 오리고기, 푸아그라 타탱[7], 야

7   tatin: 애플파이를 구울 때 실수로 도우와 사과를 거꾸로 얹었는데 맛이 좋아 하

자유로 요리한 가자미와 커리, 피망 소스를 곁들인 참치 회와 로즈마리 젤리, 캐러멜 메추리알 등. 눈속임용 외관, 각 요소들의 질감과 맛이 대비와 조화를 이루며 사람들을 어리둥절하게 만드는 요리들이 차례로 나왔다. 그러나 페란 아드리아의 요리 중에서 오랫동안 기억에 남는 것은 단순한 요리인 경우도 많다.

　그날 저녁을 회상할 때마다 매번 다른 요리에 앞서 한 가지 요리가 내 머릿속에 선명하게 떠오른다. 지구상 어느 곳에 가도 쉽게 구할 수 있는 흔한 재료로 만든 요리였다. 접시에 담겨 나온 것은 오로지 토마토뿐이었다. 종업원은 그 간단한 토마토 요리를 자랑스럽게 소개했다. 각각 다른 텍스처로 구성되어 있을 뿐 순수한 토마토 말고는 아무것도 첨가되지 않은 요리였다. 토마토 소르베[8], 토마토 그라니테[9], 토마토 아이스크림, 토마토 젤리, 토마토 에어 무스 등……. 어떤 것은 입속에 넣는 순간 신선한 기운이 듬뿍 느껴지고, 어떤 것은 한 입에 깨물어서 목구멍으로 넘길 때 미끄러지듯 넘어간다. 입 속에서 천천히 녹는 것, 입에 넣자마자 곧바로 녹아 없어져서 순식간에 물질성을 잃고 일종의 향기로운 거품만 남기는 것도 있다. 내가 엘불리를 알아보지 못하고 그 앞을 스쳐 지나갔던 해보다 2년 앞서, 페란 아드리아는 처음으로 자신이 발명한 '에스푸마'[10]를 내놓았다. 흰콩으로 만든 거품을 천연 성게 가시와 함께 내놓은 것이다. 아쉽게도 내게는 그 에어 무스를 먹어 볼 기회가 영원히 없을 것이다. 페란 아드리아가 본래 샹티이 크림 제조용으로 시판되던 사이펀 병을 사용해 만든 이 에어 무스 요리는 세계 전역에서 인기를 끌었다. 내 경우는 그 요리를 토마토로 맛본 셈이다. 그리고 그날 저

나의 레시피로 굳어졌다고 한다.
8　sorbet: 과즙, 술, 향료 등을 얼린 것.
9　granité: 소르베보다 입자가 거친 신맛의 얼음과자.
10　espuma: 스페인어로 거품이라는 뜻.

토마토 텍스처 *Tomates en texturas, 1996.*

흰콩 에스푸마와 성게
Espuma de judías blancas con erizos: la primera espuma, 1994.

넉 나는 그 다양한 텍스처를 통해 토마토의 모든 측면을 발견할 수 있었다. 오스카 와일드는 런던의 안개를 가시적인 대상으로 만든 것은 터너의 풍경화라고 말했다. 프루스트는 우리가 문학 작품을 통해 사랑하는 법을 배운다고 했다. 그날 저녁 나는 예전에는 잘 와 닿지 않았던 그 생각들이 무엇을 의미하는지 실감할 수 있었다. 내 머릿속에 토마토의 본질 자체가 뚜렷이 각인됐다. 플라톤이 만약 예술이 무엇이고 미식법이 무엇인지 정확히 인식할 수 있었다면 그것을 토마토의 절대적이고 영원한 '이데아'라고 불렀을지도 모를 일이다.

그런 혼란스러운 발견에 여념이 없던 그날 저녁, 푸아그라 무스와 아티초크 아이스크림이 나왔다. 먼저 맛본 요리와 음악적인 화음을 이루는 것처럼 느껴졌다. 이를테면 기분 좋은 불협화음 같은 것이었다. 일반적으로 아티초크와 아이스크림은 서로 어울리지 않을뿐더러 푸아그라를 거품의 질감으로 먹는 것도 낯설었기 때문이다. 크림이 가득한 아이스크림은 입에 넣자마자 금세 녹아 입 속 전체를 감쌌고, 역시 금세 녹아 버린 푸아그라는 물질성을 완전히 벗어 버린 달콤한 맛을 입 안에 남겨 놓았다. 토마토를 먹을 때와 마찬가지로 아이스크림과 에어 무스, 신선함과 비물질성이 병존했지만 섬세한 향들이 서로 좋은 궁합^{mariage}을 이루었다.

페란 아드리아는 네 시간에 걸쳐 손님들에게 이런 식의 낯선 감각과 감정을 연속적으로 선사한다. 흥미로운 점은 이 과정 속에서 우리가 자신들이 현재 경험하고 있는 게 도대체 무엇인지를 자문하게 된다는 것이다. 우리는 이 요리들을 창조한 이가 자신만의 내밀한 무엇, 어떤 개념 혹은 관념, 헤겔이라면 "감각적 형태로 현상하는"이라는 말[*]을 덧붙였

---

[*] Hegel, 《Esthétique》, Introduction, III. [두행숙 역, 《헤겔의 미학강의 I》, 서장 III, 은행나무, 2010.]

향신료와 그라니 스미스 사과 젤리 시계 *El plato de las especias, 1996.*

을, 무엇인가를 우리에게 전달하고 있다는 강렬한 느낌 속에서 우리 자신의 내면과 조우한다.

그리고 한 시간 쯤 후, 열두 개의 눈금이 새겨진 시계 모양의 신기한 요리가 나왔다. 종업원은 우리에게 열두 가지 향신료 이름이 적힌 리스트를 건네면서 요리를 즐기는 방법을 가르쳐 주었다. 생 민트, 사천 후추, 계피, 분홍 후추, 넛맥, 스타아니스, 바닐라, 생강, 사프란, 노간주, 카르다몸, 커리가 있었다. 그래니 스미스 사과로 만든 젤리 위에 이 열두 가지 향신료로 눈금이 새겨져 있었다. 먹는 방법은, 스푼을 들고 가운데에서 출발해 젤리와 함께 향신료를 한입에 넣은 후 그게 어떤 향신료인지 알아맞히는 것이다. 일종의 놀이다. 그러나 페란 아드리아는 이것이 단순한 놀이가 아니라 "젤리와 향신료 사이에, 각각의 향신료 사이에, 맛을 보는 사람의 기대와 실재 사이에 어떤 상호작용이 있는지"를 탐구하는 작업이라고 말한다. 그 과정을 통해 우리는 낯섦과 기대, 맛에 대한 치밀한 탐구, 각 맛의 상호작용이 만들어 내는 열두 가지 즐거움 속으로 빠져든다. 이 모든 것 뒤에는 평범한 상상을 뛰어넘는 지적인 무엇이 숨어 있다. 앞에 든 세 가지 예는 특별한 경우가 아니다. 한 즐거움에서 다른 즐거움으로 우리를 이끄는 메뉴의 일부일 뿐이다. 이 속에서 우리가 요리를 맛보며 느끼는 즐거움은 더욱 강렬해지는 동시에 더욱 정신적인 것이 된다. 이 각 순간의 기억은 다른 어떤 레스토랑에서보다 더 강렬하게 뇌리에 각인된다. 감동과 생각은—다른 영역에서도 마찬가지이다—즐거움을 행복의 수준으로 고양시킨다. 마치 나의 외부에서 주어진 미각적 즐거움에 나의 내부에서 무언가를 발견하는 행복이 덧붙여지는 것과 같다. 즐거움을 '가진다'avoir du plaisir고 표현하고 행복 '하다'être heureux고 말하는 것은 다 이유가 있는 것이다. 좀 더 뒤에서 우리는 이런 효과를 만들어 내는 모든 측면들을 자세하게 살펴보고 분석할 것이다. 그러기에 앞서, 엘불리에서 맛보는 저녁 식사가 어떤 느낌

마르가리타 *Margarita, 2005.*

이었는지 이야기하던 참이었으므로 2005년 여름을 위해 개발된 메뉴를 예로 들어 보겠다. 엘불리의 모든 측면들을 잘 보여 주는 메뉴였다.

　매년 그렇듯이 우리는 테이블에 앉자마자 카바 와인 한 잔을 주문했다. 그러자 매니저는 페란 아드리아가 메뉴에 포함시킨 아페리티프를 먼저 제공한 후에 카바를 내오겠다고 했다. 칵테일 '마르가리타'였다.

식전에 알코올이 들어간 칵테일을 마시면 섬세한 미각에 방해가 되지 않을까 조금 걱정이 되었다. 마침내 그 문제의 칵테일이 나왔다. 속을 파낸 육면체의 얼음 위에 가벼운 거품이 얹어져 있었다. 액체 속에 얼음이 담긴 게 아니라 얼음 속에 히말라야 소금으로 간을 한 액체가 담겨 있었다. 입 안으로 들어가자마자 마르가리타는 순식간에 물질성을 잃고 마치 혜성이 꼬리를 끌며 날아가듯 여운을 남겼다. 놀라움, 반전, 보는 즐거움과 맛, 향, 촉각의 즐거움을 선사하고 웃음과 생각할 거리를 제공하는 칵테일이었다. 마시는 즐거움에 위트를 첨가했다고 할까. 이어서 나온 모든 요리 속에서 이런 종류의 감각과 놀랍고 즐거운 감동이 다양하게 변형되며 지속됐다. 아이스 큐브 옆에는 일종의 타파스[11]처럼 몇 개의 올리브가 놓여 있었다. 우리는 서로 얼굴을 마주보고 잠시 망설였다. 이번엔 또 어떤 깜짝쇼가 준비돼 있을까? 페란 아드리아가 비스트로[12] 같은 곳에서 흔하게 맛볼 수 있는 그런 올리브를 내놓을 리는 없었다. 올리브를 입 속에 넣고 살짝 깨물자 껍질이 터지면서 액체가 분출됐다. 페란 아드리아가 당시 처음 발명한 기술로, 압착 올리브 즙을 구체화球體化, spérification[13]한 것이었다. 그는 나중에 이 올리브가 브루노 만토바니[14]의 작곡에 영감을 주게 되리라고는 상상도 못했을 것이다.

간단한 애피타이저가 여섯 가지 정도 나온 후에 마침내 메인 요리가 나왔다. (모두 그에 어울리는 형태와 재질, 빛깔의 접시에 담겨 있었다.) 조

---

11 tapas: 스페인 요리에서 간식의 일종으로 먹는 요리들을 일컫는 말이다. 타파스만으로 한 끼의 식사를 구성할 수 있을 만큼 다양한 조합이 가능하다.
12 bistro: 간단하고 저렴하게 식사를 해결할 수 있는 식당.
13 염화칼슘, 알긴산 등을 이용해서 액체를 작은 알 모양으로 만드는 기법.
14 Bruno Mantovani(1974~): 프랑스에서 왕성한 활동을 펼치고 있는 대표적인 젊은 작곡가이다. 파리국립고등음악원에서 작곡을 전공했으며, 젊은 나이로는 이례적으로 파리국립고등음악원의 교장이 되기도 했다.

그린 올리브 스페리코 *Aceitunas verdes sféricas, 2005.*

그만 홍합에 에스카베슈[15]와 바질을 곁들인 요리였다. 다음으로 겉이 단단한 캐러멜 앰플이 나왔는데 입 속에 넣고 깨물면 향이 섞인 오일이 분출되면서 감동과 웃음을 선사했다. (처음 나왔던 올리브를 다시 떠올려 보면, 각 메뉴들이 음악 악보처럼 박자에 맞춰 배열되어 있음을 알 수 있다.) 다음에 나온 팝콘 무스는 입 안에서 솜사탕처럼 녹으며 물질성을 잃었다. 웃음이 터져 나왔다. 철갑상어 그림의 유명한 상표가 그려진 작고 파란 캐비아 통에 신선한 맛의 오렌지색 알갱이들이 가득 담겨 나온 적도 있었다. 2003년이었다. 그때도 우리는 웃음을 터뜨렸다.

걸모양은 캐비아처럼 생겼지만 사실은 앞에서 예로 든 올리브처럼 멜론과 패션프루트 즙으로 만든 스페리코[16]로 극도의 순수한 맛을 느낄 수 있었다. 1996년에 맛봤던 토마토 텍스처와 마찬가지로 나는 그 후 멜론을 먹을 때마다 마치 이제는 더 이상 손에 닿지 않는 곳에 있는 멜론의 이데아라도 되는 것처럼 그때의 맛을 떠올리게 된다. 무질서하게 연속되는 요리들의 이면에서 기억 속 감각들과 환기된 텍스처가 특정한 풍미, 비물질화, 온도 등과 박자를 맞추며 하나의 멜로디로 어우러지고 있었다. 연주는 계속됐다. 바질과 계란이 곁들여진 모차렐라, 모차렐라로 속을 가득 채운 거의 익히지 않은 조그맣고 맛있는 브리오슈(바로 전에 나온 요리와 관계가 있다), 송로버섯과 녹인 버터. 놀라운 맛이었다. 꽃과 잎이 함께 나온 잣·땅콩 아이스크림, 흰색 거품 오믈렛과 익히지 않은 메추리알, 타라곤 퓌레와 진하지만 쓰지 않은 올리브 오일 등이 차례로 나왔다. 최고의 걸작이었다. 정확히 말하면 또 하나의 걸작이었다. 이런 식으로 순수한 즐거움들을 차례로 맛볼 수 있었다. 감동은 거기서 끝나지 않았다. 아티초크, 식초, 회향, 참치알 뉘아주와 함께 나온

---

15 Escabèche: 마리네의 일종으로, 작은 생선을 기름과 식초 등에 절인 요리.
16 구체화 기법으로 만든 알 모양의 음식.

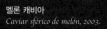
멜론 캐비아
Caviar sférico de melón, 2003.

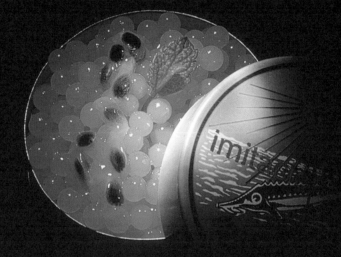

비물질화된 검은 올리브에 이어서 '당근 소금'이라는 이름의 요리가 나왔다. 그 정체는 비물질화된 코코넛과 타라곤 젤리, 회향, 당근 아이스크림과 코코넛 가루였다. 맛과 재료가 서로를 참조하는 방식은 놀라움을 불러일으키는 비논리가 곧 논리가 된 전체 메뉴에 일종의 리듬 같은 것을 부여했다. 예를 들면, 한 해 동안 타라곤이 형태를 바꾸어 가며 반복적으로 등장한 방식은 비물질화, 구체화 같은 기법들만큼이나 중요한 역할을 했다. 심장이 두근거리고 눈에 눈물이 고일만큼 이미 감동에 사로잡혀 있었지만 이게 메뉴의 끝이 아니었다.

호두와 사과, 타라곤 바로 다음에 코코넛 두부가 나왔다. (그해의 주력 메뉴였다.) 핑크자몽, 작은 타라곤 잎, 약간 매운 민트와 생강을 맛보았다. 그때 나는 옆자리에 앉은 세 커플이 시끄럽게 떠들어 대는 바람에 이 두 요리의 맛에 집중할 수가 없었다. 가진 게 돈밖에 없는 천박한 사람들이었다. 다행히 칼라 몬트호이 해변 쪽으로 난 테라스 좌석으로 자리를 옮길 수 있었다. 어둠 속에서 바다는 보이지 않고 파도소리만 들려왔다. 우리는 그곳에서 페란 아드리아가 아직 메뉴로 공개하지 않은 요리 두 가지를 미리 맛보는 영광을 누렸다. 배 즙이 살짝 가미된 바질 잎 위에 작은 오리 푸아그라 조각이 아무 맛은 없지만 오도독 하고 씹히는 투명한 팽이버섯과 함께 나왔다. 그건 기적이었다. 버섯의 텍스처와 푸아그라 맛이 하나가 되었다. 나는 이 현상을 '텍스처의 전이轉移' transfert de texture라고 명명하고 싶다. 신기하게도 마치 오리 간이 입 속에서 오도독 하고 씹히는 듯한 느낌이었다. 그 뒤에 나온 아몬드를 곁들인 젤리 요리도 일품이었다. 재료들의 새로운 조합으로 단 한 번도 경험해 보지 못한 맛이 창조됐다.

이어서 닭, 양파, 헤레스산 식초가 곁들여진 고등어 에스카베슈와 무스, 키노아를 곁들인 감칠맛의 랑구스틴, 야자 즙 속 안데스-중국 시리얼, 태국 스타일의 코코넛 스파게티(!), 돼지고기, 생강, 고수, 코코넛 무스 등이 나왔다. 다음으로는 너무도 독창적이어서 현기증을 불러일으키는 일곱 가지 디저트가 차례로 나왔다. 그중에는 두부와 열대과일 캐러멜을 곁들인 석류 수플레도 있었고, 복숭아 젤리와 복숭아 사탕, 산호초 모양의 스파클링 초콜릿도 있었다.

시계가 자정을 가리켰다. 페란 아드리아와 잠시 대화를 나누게 되었다. 그는 마치 로시니의 오페라 상연을 끝낸 지휘자처럼 파김치가 되어 있었다. 맛의 오페라가 상연되는 동안 팀 전체를 통솔한 훌리 솔레르는 여전히 씩씩했다. 우리는 감동받았다. 일동 기립해 그날 저녁 식사를 작곡한 주인공에게 박수를 보내고 싶었다. 할 수만 있다면 이미 지나가 버린 그 창조적 순간들을 시간 속에 붙들어 두고 싶었다. 1964년부터 쓰던 메뉴 지갑에 계산서가 담겨 나왔다. '그릴-룸 바 엘불리'를 위한 두 개의 광고가 붙어 있었다. 그 속에 이 레스토랑의 발자취가 고스란히 담겨 있었다. 해수욕장 근처에서 요깃거리를 팔던 가게로 시작해 정직한 요리를 내놓는 레스토랑이 되기까지, 미슐랭 별 하나에서 셋을 받을 때까지, 그리고 매년 세계 최고의 레스토랑으로 평가받기까지 엘불리가 밟아 온 여정이었다. 이쯤에서 이 위대한 역사의 발자취를 더듬어 보는 것도 의미가 있을 것이다. 그러기에 앞서 내가 이곳에서 경험한 것이 꿈이 아니었으며, 책 집필을 위해 그 순간들을 지나치게 이상화한 것이 아니라는 사실을 재확인하기 위해 2001년 처음으로 엘불리의 저녁을 경험한 후에 한 아르헨티나 사람이 쓴 글▪을 인용한다. 코코넛 소르베와 럼주 젤리, 약간의 설탕이 가미된 파인애플 무스를 먹고 난 후였다. "입 안에서 맛이 샘솟았다. 그리고 각각의 맛이 하나로 합쳐지면서 멋진 칵테일이 완성됐다. 맛들의 폭발이었다! 파인애플은 더 이상 피나콜라다가

▪ Martin Caparros, 'ElBulli, le premier dîner', Ego, Buenos Aires, 2001. Oscar Caballero가 《ElBulli, texte et prétexte à textures》, Agnès Viénot, 2004, 34쪽에 번역, 인용.

되기 전의 파인애플이 아니었다. 내가 하는 말이 바보처럼 들릴 수도 있을 것이다. 나는 뭔가를 이해했다. 뭔가를 배웠다. 단순히 심심풀이 땅콩에 불과한 것을 먹은 직후에 말이다! 내 옆에 앉은 F는 처음엔 웃음을 터뜨리더니 나중에는 눈물을 흘렸다. 나 역시―고백하기 쑥스럽지만―눈물을 흘렸다. 무슨 일인가가 벌어진 것이다. 우리는 행복의 문턱에 있었다!"

　다른 이들 역시 이 사람과 같은 경험을 했고, 나 역시 그랬다. 꿈이 아니었다. 실제로 일어난 일이었다. 색다른 각도에서 재발견한 실재하는 삶이었다. 거기엔 독창성이 있었고, 자신으로의 회귀가 있었다. 이 과정이 즐거움으로 귀결되기 위해서는 오성을 통한 여정을 거쳐야 했다. 요리를 구성하는 물질은 매우 정신적인 즐거움의 흔적을 남기고 사라져 버렸다. 그러나 그 기억은 매우 강렬하고 오래 지속됐다. 올바른 방식으로 이 여정을 따라가고자 하는 이들에게 페란 아드리아의 작품들은 미학의 본질에 다가가는 특별한 체험, 예술만이 제공할 수 있는 보편성의 감정을 선사한다. 1년 단위로 이어져 온 페란 아드리아의 창조적 작업, 멋진 여행에 비견할 만한 그 몇 시간의 비상한 경험들이 탄생하기까지는 오랜 역사가 필요했다.

맥아 가루 에어 바게트와 계피 캐러멜
Air-baguette de harina de malta con caramelo de canela caramelizada, 2005.

3
위대한 역사, 사소한 이야기들

Grande histoire petites histoires

❖

페란 아드리아는 25년 전부터 엘불리의 셰프로 일해 왔다. 그동안 그는 최고의 평가와 모든 종류의 찬사를 한 몸에 받았고, 언론에 가장 많이 등장한 셰프가 되었다. 그만큼 전 세계의 요리사들에게 큰 영향을 끼친 셰프는 일찍이 없었다. 엘불리는 〈미슐랭 가이드〉에서 별 세 개를, 〈고미요〉에서 최고점을 받았다. 페란 아드리아는 영국의 〈레스토랑 매거진〉에 의해 세계 최고의 요리사로 선정되었을 뿐 아니라, 요리사로서는 처음으로 카셀 도쿠멘타 현대미술전에 아티스트 자격으로 초청되기도 했다. 그러나 이런 평가들보다 더 중요한 것은 엘불리에서 식사를 한 사람들이 한결같이 증언하는 감동이다.

그런데 갑자기 스페인과 프랑스의 몇몇 미디어에서 전례 없는 방식으로 그에게 가혹한 비난을 퍼붓기 시작했다. 루머가 확산되고 그의 요리에 대해 수군대는 소리들이 들려왔다. 하지만 실제로 엘불리에서 식사를 한 사람은 소수에 불과했다. 이제 페란 아드리아라는 이름만 나오면, 그의 요리를 먹고 손님들이 배탈이 났다더라, 그 속에 발암물질이 있다던데 그게 사실이냐 따위의 질문이 쏟아진다. 마치 프로이트 얘기만 나오면 철학자 미셀 옹프레의 비판에 동의하는가, 동의하지 않는가라는 질문에 답을 강요하는 것과 마찬가지이다. 사정이 이러하니 엘불리의 위대한 역사에 대해 언급하기 전에 이 사소한 이야기들에 대해 짚고 넘어가지 않을 도리가 없다.

독일 기자 외르크 지프리크는 2009년 펴낸 자신의 저서에서, 페란 아드리아의 라이벌인 카탈루냐의 셰프 산티 산타마리아의 말을 인용했다. (산타마리아는 자신의 레스토랑에서 요리를 시연하던 도중 사망했다.) 그는 페란 아드리아의 요리에 진짜 독과 발암물질이 들어 있다고 주장했다. 그에겐 화학적 요리냐 재료의 자연 상태에 가까운 요리냐 하는 문제만이 중요했다. 페란 아드리아의 요리에 대해 잘 알지도 못하는 기자들이 선정적인 제목의 기사들을 내보내기 시작했다. 그들은 "분자화된 가자미 요리와 구체화된 루타바가에 열광하는 사람들", "지나치게 비싼" 가격, "셰프 캡을 쓰고 우리에게 독극물을 먹이는 화학자"를 비난했다.[*] 어떤 기자는 산타마리아의 비난을 인용하면서 페란 아드리아를 '화학자' 취급했다. 그는 "공중보건의 문제"를 들먹이며 아드리아의 요리가 "SF영화 시나리오"를 닮았으며, "벽지용 접착제"를 만드는 데 쓰는 물질을 함유하고 있다고 주장했다.^{**} 또 다른 기자는 위생에 문제가 있었던 한 영국 식당과 엘불리를 제멋대로 비교하면서 한 요리사가 액체질소에 손을 담갔다가 절단 수술을 받아야 했던 사건을 예로 든 후에 페란 아드리아 역시 그 액체질소를 사용한다는 사실을 강조했다! 그리고 엘불리가 1년에 6개월만 문을 열고 8천 명의 손님만 받는 것을 의도된 '신화'라고 비꼬았다. 하지만 그게 사실이 아니라는 것은 너무도 쉽게 확인 가능하다.^{***} 그 후 같은 신문에 실린 다른 기사는 페란 아드리아가 2년간 엘불리의 문을 닫겠다고 결정한 것은 손님들의 건강에 심각한 문제가 발생했기 때문이라는 식의 주장을 폈다.^{****}

　일단 이런 유치한 소문들을 한쪽으로 제쳐 놓고 살펴보면, 자연을 존중하는 요리와 인공적인 것을 만드는 요리의 관계가 논쟁의 중심임을 알수 있다. 인공적인 것이라는 말 속에는 이윤에 눈이 먼 식품산업이 장기

* 〈마리안〉, 2009년 11월 14일자. 참고로, 엘불리는 〈미슐랭 가이드〉에서 '별 셋'을 받은 레스토랑 중에 가격이 가장 저렴하다.
** 〈리베라시옹〉, 2008년 6월 18일자.
*** 〈르몽드〉, 2009년 10월 30일자.
**** 〈르몽드〉, 2010년 1월 29일자. 페란 아드리아는 이미 10년 전부터 이런 비난을 예상하고 창조를 위해 휴식의 시간을 갖고 싶다는 바람을 공개적으로 피력해 왔다. 이 기사를 쓴 기자는 몇 년 전에 같은 신문에 실린 기사의 일부를 고스란히 옮겨 놓는 '성실함'을 발휘했다! 이를테면 그는 엘불리에서 저녁 식사를 한 모든 손님들이 배탈이 났지만 누구도 감히 그 사실을 발설하지 못하고 있다는 놀라운 가정을 하고 있는 셈이다!

적인 관점에서 소비자의 건강을 고려하지 않고 만들어 내는 음식이라는 뉘앙스가 암암리에 깔려 있다. 여기에, 전 지구적인 관점에서 가장 힘이 센 이들의 이익을 위해 일상생활 속에서 무엇을 먹을지 선택할 여유가 없는 힘없는 자들이 희생된다는 비판이 덧붙여진다. 그러나 실제로 세계 거의 모든 식당과 슈퍼마켓에 이런 식품들이 넘쳐 나는 데 대해서는 정부나 미디어나 별 관심이 없는 것 같다. 이런 식의 이미지를 뒤집어씌우기 위해 '분자요리'cuisine moléculaire라는 말이 수없이 사용되어 왔고, 바로 그런 이유 때문에 페란 아드리아는 자신의 요리를 그렇게 부르는 것을 거부한다. 사실상 '자연적인' 것에 대비되는 '인공적인' 것은 이 논란과 아무런 상관이 없다. 인공적인 것은 자연을 변형하는 인간 활동의 결과로 만들어지는 모든 것을 포함한다. 지구상에 인공적인 것이 최초로 등장한 것은 2백만 년도 더 되었다. 초보적인 도구들, 불, 의복 등이 등장했고, 음식을 불로 익혀 먹기 시작했다. 날것으로 먹던 음식을 익혀 먹기 시작하는 시점은 인류에게 매우 중요한 순간이었다. 처음에는 음식을 구워 먹기만 하다가 가죽 부대 안에 물을 붓고 뜨거운 돌로 가열한 후 고기를 넣어 삶아 먹는 방법을 알게 되었다. 그 과정에서 어느 정도의 분자 변형이 일어난다는 것은 누구나 알 수 있는 사실이다. 물론 그 현상을 정확히 이해하게 된 것은 최근의 일이긴 하다. 모든 종류의 조리, 가열, 맛의 혼합과 배열은 인공적인 것, 기술, '자연'의 변형이다. 인간은 이 과정들 속에서 처음에는 '자연적'이던 재료들을 변형하여 자신의 욕구를 충족시키고 즐거움을 얻는다. 이런 의미에서 질베르 시몽동의 말을 인용하면, "인공적인 것은 자연적인 것을 되살린 것이다. 거짓도 아니고 자연적인 것으로 오해된 인간적인 것도 아니다."[■] 다시 말해

■　Gilbert Simondon, 《Du mode d'existence des objets techniques》, Aubier, 1958, 256쪽. [김재희 역, 《기술적 대상들의 존재 양식에 대하여》, 그린비, 2011.]

서, 음식 속에 첨가하는 인공미, 화학 색소 등의 물질들과 요리에 새로
운 형태와 텍스처를 부여하고 특정 맛의 강도를 높이기 위해 사용하는
기술적 수단들을 혼동해서는 안 된다. 이런 기술을 획득하기 위해서는
과학적 지식이 필요하다. 에르베 티스처럼 음식 조리 과정에 대한 연구
를 통해 요리사들에게 새로운 방법들을 제공하는 과학자들도 있다. 프
랑스의 요리사 티에리 막스가 "요리란 결국 분자分子에 불과하다"고 한
것은 후자의 의미에서이다. 그에게 액체질소나 수중 전열기는 기술적 진
보이며, 한천이나 카라기난은 해조류, 메틸셀룰로오스는 수액樹液이다.
다시 말해 자연적인 산물이다.▪ 반대로 해조류로 만든 겔화제, 액화질
소, '구체화' 도구 등 엘불리에서 사용하는 것들이 인공적이라면 일반 레
스토랑에서 사용하는 가스나 소르베 제조기, 동물성 겔화제 역시 인공
적이라고 봐야 하지 않을까.

　　보들레르는 1847년 한 섬세한 연애소설에서 이미 이런 종류의 혼동
을 비판했다. 이 소설 속에는 저녁 식사 자리에 모인 사람들이 고기와
생선을 요리하는 방법, 와인과 샴페인, 송로버섯, 소스와 향신료 등에
대해 이야기하는 장면이 나온다. 보들레르는 여기서 "요리를 구원하기
위해 자연에 관련된 모든 종류의 약학적 지식을 동원할 필요성"을 언급
한다. 그리고 "코르동 블루에 각 재료의 화학적 성분에 대한 지식을 강
제하는 특별법을 적용해야 한다"고 주장한다.▪▪ 페란 아드리아에게 유
치한 험담을 퍼붓는 이들과는 비교할 수 없을 만큼 명석하고 총명하다.
나는 토마토, 새우, 푸아그라, 멜론, 완두콩, 토끼 고기, 홍합의 맛을 엘
불리에서보다 더 강렬하고 선명하게 느낀 적이 없다. '자연적인 것'의 핵
심에 도달하는 무언가를 만들기 위해서는 정교함, 발명, 기술, 지식, 창

▪　〈르피가로 매거진〉, 2008년 3월 15일자.
▪▪　Baudelaire, 《La Fanfarlo》, 1847. [이건수 역, 《라 팡파를로》, 솔, 2002.]

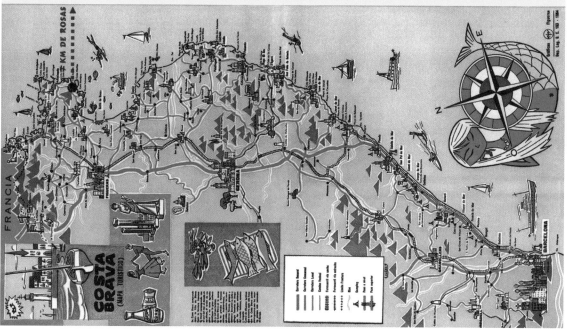

1964년에 만들어진 광고지이다. 이 빛바랜 광고지를 바라보고 있자면 상상의 나래를 펼치게 된다.

조성 같은 것이 필요하기 때문이다! 모차르트의 〈피아노 콘체르토 제
23번〉, 보들레르의 시 한 편, 벨라스케스나 조반니 벨리니의 그림을 감
상해 보라. 이 모든 사실을 이해할 수 있을 것이다. 이 작품들은 마치 자
연의 산물인양 우리의 영혼과 교감한다!
　　사람들은 엘불리에서 사용하는 불가사의한 화학적 성분에 대해 떠들

지만, 우리는 엘불리에서 사용하는 모든 재료들이 어디서 왔는지 전부 알 수 있다. 생선은 로사스 시장의 아마데우네 가게에서, 조개와 성게는 크레우스 곶에서 일하는 어부 마놀로에게서 사 온다. 신선한 야채들은 로사스의 산티아고 가게에서 온다. 마테우가 재배한 풀과 극동 지방 야채들을 파는 곳이다. 혹은 페트라스가 재배한 송로와 그 밖의 버섯들을 바르셀로나의 토쿄야에서 사오기도 한다. 고기는 카사노바스와 카프 데빌라에서, 돼지고기 가공 제품은 아로마 이베리크에서 온다. 캐비아는 바르셀로나 인근 그라노예르스에서 생산된 것을 사용한다. 지금까지 여러 번 엘불리에서 식사를 했지만 나와 동행자 누구도 배탈을 일으킨 적은 단 한 번도 없었다. 대신 우리는 이전에는 전혀 맛보지 못했던 새로운 맛에 대한 기억을 공유하고 있을 뿐이다. 자, 사소한 이야기들은 이쯤 해 두고 이제 위대한 역사에 대해 살펴볼 차례이다. ▪

엘불리의 역사는 1961년 독일 출신의 유사요법 의사 한스 쉴링이 그곳에 미니 골프장을 차리면서부터 시작된다. 그 후 1963년 해변 바가 생기고 1964년부터는 그릴도 겸하게 됐다. 페란 아드리아가 태어난 1962년 그곳은 이미 엘불리[17]라는 이름으로 불리고 있었다. 주인이 자신이 기르던 프랑스 불도그에서 착안하여 이름을 붙인 것이다. 한 야심찬 알자스 출신 셰프의 노력으로 이 식당은 1976년 처음으로 미슐랭 스타를 획득했다. 1981년 총책임자가 된 훌리 솔레르는 '누벨 퀴진'을 공부한 리옹 출신 셰프 장-폴 비네와 함께 프랑스와 독일의 유명 레스토랑 순례를 시작한다. 그리고 엘불리는 1983년 미슐랭 스타 두 개를 획

---

17 El Bulli: 카탈루냐어로 불도그라는 뜻이다.
▪ 지금부터 살펴볼 역사는 모든 이야기가 망라된 역사라기보다는 이 책의 주제에 맞게 철학적 성찰에 필요한 요소들만을 발췌한 것에 가깝다. 더 자세한 이야기를 알고 싶다면, 오스카 카바예로, 만프레드 베버-람베르디에르, 페란 아드리아가 쓴 책들을 참고하기 바란다. (책 뒤에 실린 참고서적 목록 참조.)

이 광고용 카라반은 오랫동안 보관되었다. 어려운 시절에는 잠자리 구실도 했다.

득한다.

　그때 페란 아드리아는 열일곱 살이었다. 그는 바르셀로나 남부 해안
의 플라야펠스라는 식당에서 설거지를 하며 번 돈으로 이비자에서 밤새
놀며 시간을 보내던 청년이었다. 그러던 중 우연히 《엘 프락티코》El
Practico라는 책을 접하게 된다. 두 명의 아르헨티나 출신 요리사가 에스

코피에[18]의 저서를 참고하여 5천 가지가 넘는 레시피를 정리해 놓은 책이었다. 이 책은 그의 인생을 통째로 바꾸어 놓았다. 과장이 아니다. 플라야펠스의 셰프는 그에게 매일 이 책의 한 꼭지를 통째로 암기하도록 시켰다. 페란 아드리아는 다시 이비자로 돌아갔을 때 칼라레나의 식당들에서 똑같은 책을 발견하고 깜짝 놀랐다. 책에서 얻은 지식과 주방 보조로 일했던 경력 덕분에 그는 참모부 식당에서 군 생활을 하게 된다. 그리고 그곳에서 진짜 셰프 페르미 푸이그를 만난다. 입대 전 엘불리에서 일했던 그는 일 배우는 속도가 빠른 페란 아드리아를 맘에 들어 했다. 그리고 8월 여름휴가 때 엘불리에서 연수를 받도록 해 주었다. 군대에 다시 복귀한 아드리아는 푸이그와 함께 상관이 좋아하는 요리의 레시피들을 모은 작은 책자를 만들어서 큰 칭찬을 받기도 했다.

1984년 페란 아드리아는 엘불리로 찾아가 주방장 크리스티앙 루토를 만난다. 그는 프랑스의 누벨 퀴진 셰프들이 쓴 책들을 닥치는 대로 찾아 읽고 1985년에는 조르주 블랑의 레스토랑에서 연수생으로 일하고, 훌리 솔레르와 함께 유럽의 유명 레스토랑들을 둘러본다. 그리고 1986년에는 레스토랑 피크에서 또다시 연수를 받는다. 루토가 엘불리를 떠나자 페란 아드리아는 혼자서 셰프를 맡게 된다. 그 사이 그의 동생 알베르트 아드리아가 엘불리의 디저트 셰프가 된다. 이 3년간은 당시의 가장 유명한 요리 레시피들을 하나씩 모방해 보는 시기였다. 1987년, 페란 아드리아는 니스의 레스토랑 네그레스코의 셰프인 자크 막시맹이 "창조하기 위해서는 모방하는 것을 그만 두어야 한다"고 한 말에 큰 감명을 받았다. 이때부터 이 책의 앞에서 제시했던 '독창성의 기준'이 그의 나머지 요리 인생을 지배하는 화두가 되었다.

---

18 Georges Auguste Escoffier(1846~1935): '요리의 제왕'이라고 불릴 정도로 세계적 명성을 얻었던 프랑스 요리사이다. 프랑스의 오트 퀴진haute cuisine을 체계화, 근대화하는 데 중요한 역할을 했다.

그는 이미 1985년 푸이그와 함께 첫 '해체'를 시도한 바 있다. 당시만
해도 그는 그 시도가 훗날 어떤 종류의 세계로 그를 인도하게 될지 전혀
짐작하지 못했다. 마드리드의 한 전통 레스토랑에서 자고새 에스카베
슈 요리를 맛본 그들은 현대의 새로운 요리법과 전통요리를 결합-분리
하는 작업을 시작해 보기로 했다. 그렇게 탄생한 것이 뼈를 발라낸 비둘
기 에스카베슈였다. 그들은 당시 스페인에서 요리를 내는 방식과 전혀
다른 모습으로 그 요리를 선보였다. 막시멩의 말은 페란 아드리아에게
유사하거나 대조적인 모든 것들을 결합-분리하고 모든 종류의 모방과
단절하고자 하는 광적인 욕망을 불러일으켰다. 가히 창조성의 폭발이
라 할만 했다. 더 이상 책에 매달릴 필요는 없었지만 과거에 읽은 책들
은 독창성을 발휘하기 위한 자양분이 되어 주었다. 엘불리는 이제 10월
부터 3월까지 창조적 작업을 위해 문을 닫게 되었다. 1년 내내 전시를
하면서 작업을 병행할 수 있는 화가를 본 적이 있는가? 그 사이 바삭바
삭한 햄과 송로를 곁들인 구운 야채, 오징어 먹물로 튀긴 오징어, 해산
물과 육산물의 결합, 가득 쌓인 조그만 타파스들, 가스파초 랑구스틴,
새우 머릿속 내장으로 만든 '아메리칸 소스' 등이 창조됐다. 그는 이베
리아 반도의 요리를 비틀고 해체하여 다양한 신 메뉴를 만들어 냈다. 그
물버섯과 어우러진 랑구스틴 카르파치오, 아몬드와 송로버섯, 새우의
기묘한 조합이 그 좋은 예이다. 《엘 프락티코》에서 시작해 누벨 퀴진을
거친 페란 아드리아는 이런 식으로 카탈루냐와 지중해 요리를 재창조했
다. 보편적이면서 동시에 카탈루냐적인 예술적 고민들이 담긴 재창조
과정은 1988년부터 일반화되었다. 정확히 말하면 1987년 페란 아드리
아가 가우디에게 헌정한 노랑촉수 요리가 그 시작이었다. 아드리아는
이것저것 실험을 해본 후 모든 가능한 조합과 텍스처, 가열 방식을 기록
했다. 그중에서 이미 시도된 것, 단지 흥미만 유발하는 것들은 모두 제
외되었다. 모든 게 시도되고 모든 게 기록되었다. 그렇게 해서 최초의 젤

라틴 요리, 겔화된 연체동물 요리, 엘불리 오일 등이 탄생했고, 작은 종지나 숟가락에 요리를 담아내는 방식도 처음으로 선을 보였다.

　모든 게 창조의 대상이었다. 엘불리에서는 '독창성과 보편성'이라는 기준이 일상의 법칙이 되었다. 엘불리는 사려 깊으면서도 자신감 넘치는 매니저 훌리 솔레르와 함께 조금씩 자신만의 색깔을 만들어 가기 시작했다. 솔레르는 1989년 스페인 최고의 레스토랑 매니저로 선정되는 영광을 누리기도 했다. 사람들이 외딴 길을 한참 따라가야 나오는 외딴 해변의 레스토랑에서 창조를 계속해 나가는 그들을 미친 사람 취급할 때도, 손님들의 발길이 뜸하고 재정 상태가 심각한 지경에 이르렀을 때도 그들은 창조를 멈추지 않았다. 돈과 명예 따위를 경멸하며 맹목적으로 예술혼을 불태운 니콜라 드 스타엘, 반 고흐 등과 같은 예술가들과 다를 바 없었다. 엘불리는 1990년 두 번째 미슐랭 스타를 획득했다. (El Bulli가 조금씩 elBulli로 바뀌는 시기였다.) 페란 아드리아와 훌리 솔레르는 요리의 창조와 재정 관리를 자유롭게 조정하기 위해 엘불리를 인수한 후 그들이 원하는 대로 주방을 새로 단장했다. 이들의 시도는 프랑스의 피에르 갸네르와 미셸 브라스에게도 영향을 미쳤다. 페란 아드리아는 항상 프랑스 요리에 대해 찬사를 보내며 감사의 뜻을 표해 왔다. 그는 해체를 통해 프랑스 요리에 대한 오마주를 표현했던 것이다. 벨라스케스를 무시하는 피카소를 상상할 수 있는가? 새롭게 명성을 얻은 엘불리에서는 알베르트 아드리아의 디저트 카트를 더 이상 볼 수 없게 되었다. 단맛과 짠맛을 혼합적으로 배치하기 위해서였다. 모든 요소들을 한데 모아 위대한 한 편의 영화 시나리오 같은 메뉴를 구성해야 했다(페란 아드리아가 쓴 비유이다). 엘불리는 새로운 단계로 도약하기 위한 모든 요소들을 갖추게 되었다. 이제 엘불리의 스타일이 순수하게 드러나는 순간이었다. 창조가 아닌 모든 것은 배제되었다. 페란 아드리아는 1992년 단골손님이었던 한 조각가를 보면서, 손님들에게 식사를 대접하지 않고 온종일 창조적 작업에만 몰두한다면 어떨까 생각하기 시작했다. 1996년 그는 실제로 겨울 동안 바르셀로나의 레스토랑 탈라이아의 주방에서 창조적 작업에 돌입한다. 그리고 1998년 바르셀로나에 진정한 창조적 작업을 가능하게 해 줄 아틀리에를 세웠다. 그곳에는 손님도 식탁도 없었다. 어떤 소설가, 작곡가, 화가가 매일 같이 대중의 반응을 눈으로 확인하면서 창조적 활동을 지속해 나갈 수 있겠는가?

　이 과정을 거친 후 페란 아드리아는 자신에 찬 결과들을 한가득 안고 돌아왔다. 짠 음식에 마멀레이드[19]나 바닐라가 들어간다든지, 가니쉬[20]에 과일이, 그라니테에 소금, 무스 속에 옥수수가 들어가기도 했다. 중국식 스푼에 요리가 담겨 나오기도 했다. 주방에서 손님의 입까지 향하는 여정 속에서 온도와 텍스처를 보존하기 위한 방법이었다. 페란 아드리아는 새로운 세계를 발견한 것이 아니다. 그는 하나의 세계를 발명했다. 크레우스 곶의 구석진 곳(칼라 몬트호이는 작은 천국이라고 할 만큼 아름다운 곳이기도 하다)에 숨어 있는 레스토랑에서 모든 종류의 아카데미즘에 도전한 페란 아드리아가 스페인 요리 아카데미가 뽑은 최고의 요리사로 선정된 것은 아이러니가 아닐 수 없다! 위대한 역사가 시작되기 위해서는 새로움이 요구되었다. 바위를 파낸 공간에 300m² 규모의 새 주방이 만들어졌다. 통유리로 둘러싸인 멋진 공간이 탄생했다. 가스는 들어오지도 않는 데다 가열 기구들이 도리어 부차적으로 보이는 이 공간은 다른 어떤 주방과도 닮지 않았다. 페란 아드리아의 혁명적인 저서 《지중해의 풍미》는 전 세계적으로 반향을 일으켰지만 프랑스에서만은 예외적으로 번역은커녕 소개조차 되지 않았다. 시간이 갈수록 레스토랑 외부에서 수입원을 찾을 필요성이 대두됐다. 살림에 대한 걱정

19　marmelade: 감귤류 껍질과 함께 절여 만든 과일 잼.
20　garniture: 곁들인 요리.

없이 창조적 작업에 몰두하기 위해서였다. 그게 성공의 열쇠였다.

페란 아드리아는 한 바에서 과일 주스를 마시다가 그 속에 담긴 가벼운 거품을 보고 재미있는 영감을 얻었다. 그는 공기펌프로 토마토를 터뜨려서 약간의 거품을 얻어 냈다고 당시를 술회한다. 이런 식의 섬세한 탐색을 계속하던 끝에 페란 아드리아는 1994년 세계적으로 그의 이름만 들으면 모두가 떠올리게 될 기술을 개발하는 데 성공한다. 그는 샹티이 크림용 사이펀을 이용해 '콩 에어 무스', '거품'을 올린 성게, 야채의 다양한 텍스처 등을 만들어 낸다. 이를테면 크림 없는 무스로서, 식품의 맛에서 에센스만을 보존하기 위해 비물질화하는 방법이다. 이 경우 접시에 담겨 나오는 것은 음식이라기보다 일종의 감정, 질료 없는 감각 같은 것이다. 어쩌면 이 최초의 형태 속에서(새로운 형태들이 이어서 계속 출현했다) 요리는 앞에서 언급한 '재현의 기준'을 만족시킴으로써 예술의 세계에 진입할 수 있지 않을까? 물론 페란 아드리아가 아름다움에 대한 철학적 개념을 바탕으로 이런 작업들을 시도한 것은 아니었다. 예술가의 창조적 행위는 개념적인 추론의 결과가 아니다. 그렇다고 창조적 과정 속에서 감수성이 부지불식간에 자신의 고유한 논리를 갖추게 될 가능성이 부정되는 것은 아니다. 앞에서 제시한 '기준들'이 모든 예술적 창조에 적용된다면, 페란 아드리아가 만들어 낸 일련의 작품들을 통해 그것을 확인해 볼 수 있을 것이다. 1994년 페란 아드리아는 창조적 요리를 위한 새로운 길을 열었다. 그는 에어 무스, 캐러멜화에 이어 1998년에는 한천으로 만든 젤리를 선보였다. 1995년부터 이미 '해체' 작업을 시작했고, 다양한 방식의 비물질화를 시도해 오던 터였다. 이 모든 기법들은 맛과 텍스처의 창조에 부과된 한계를 돌파하기 위한 시도였다. 생아몬드를 곁들인 크넬 드 글라스[21]가 복숭아 그라니테, 무와 바질, 아

---

21 아이스크림.

홍합과 회향 젤리 *Mejillones de roca con espuma de cilantro, 1994.*

몬드 무스와 함께 나오기도 했고, 회향 젤리에 담겨 나온 홍합이 캐비아와 슈플뢰르 퓌레와 대화를 나누기도 했다. 바닐라 향이 나는 감자가 레몬 즙을 뿌린 크뤼스타세[22]와 사과 커플을 더 돋보이게 해 주었고, 오리 푸아그라가 망고 소르베와 친밀한 관계를 맺기도 했다. 엘불리의 전체 팀원들은 여러 날 밤샘 토론을 한 끝에 "기술-개념적 창조성"이라는 구상을 도출해 냈다. 기존에 존재하는 개념 위에서 새로운 레시피를 개발하는 게 아니라 새로운 개념에 어울리는 새로운 요리를 창조하는 게 목적이었다. 실제적인 창조 행위와 미학적 성찰 사이의 이런 왕복운동이 없었더라면 엘불리의 역사는 여전히 베일에 가려져 있을 것이고, '화학 요리'라는 둥 '분자 요리'라는 둥 하면서 엘불리를 비난하는 목소리들이 무지한 사람들에게 더 큰 호소력을 발휘했을 것이다.

　새로운 시대는 새로운 도구를 요구했다. 사이펀과 크롬 그릴판, 샐러맨더, 강력한 냉동고, 테팔 프라이팬과 오븐 등. 스페인의 가이드북들은 엘불리에 대한 평가 점수를 높였고 프랑스에서도 좋은 평가가 나오기 시작했다. 이미 누벨 퀴진을 정의하고 평가하는 데 앞장섰던 〈고미요〉는 모든 종류의 모방과 결별한 페란 아드리아의 요리를 높이 평가해 점수로 '모자 넷'을 주었고 이어서 19/20점이라는 최고점을 부여했다. 그리고 1996년에는 마침내 〈미슐랭 가이드〉가 엘불리에 '별 셋'을 선사했다. 이제 전 세계의 미식가들과 유명 요리사들이 이 칼라 몬트호이의 레스토랑으로 몰려오기 시작했다. 그중에는 조엘 로뷔송도 있었다. 그는 엘불리에서 식사를 한 후 경탄에 마지않으며 페란 아드리아를 이 시대 최고의 셰프라고 칭송했다. 거장은 거장을 알아보는 법이다. 이런 식으로 페란 아드리아의 창조 작업을 중심으로 하나의 '예술계'가 형성되기 시작했다. 이렇게 페란 아드리아의 작업은 앞에서 제시한 '엘리아스

---

22 crustacé: 갑각류.

따뜻한 오리 푸아그라와 망고 소르베
Foie-gras caliente de pato con sorbete de mango y reducción de vinagre de cabernet-sauvignon, 1994.

와 베커의 기준'을 당당히 만족시켰고, 조금씩 예술적 요소들을 갖춰 나갔다.

1995년 7월의 저녁이 기억에 남아 있다. 철학자 C와 동석한 자리였다. 우리는 엘불리의 테라스에 앉아 페란 아드리아와 훌리 솔레르와 함께 새벽 2시까지 대화를 나눴다. 페란 아드리아가 한 말은 퍽 인상적이었다. 사실이라고 믿을 수 없을 만큼 놀라운 식사를 마친 우리에게 페란 아드리아는 자신의 시도와 계획에 대해 심오하고, 정확하며, 구성진 설명을 해 주었다. 그의 작업들은 아직 시작에 불과했다. 예술가에게 각각의 작품은 매번 하나의 시작을 의미하지 않는가! 우리는 매년 그 시작들을 경험할 수 있는 기회를 누린 셈이다! 그것은 스스로 자신의 기원이 된다는 본래적 의미에서의 독창성originalité이었다. 단지 남들과 다르기를 바라면서 추구하는 독특함singularité이 아니었다. 그곳에서는 모든 것이 역설적으로 분명해 보였다. 우리는 이 새로운 발견이 예전부터 항상 있어 온 것이 아니라는 사실에 한 번 놀라고, 이 놀라움에 이르기까지 그토록 오랜 세월이 필요했다는 사실에 다시 한 번 놀랐다. 모든 예술 작품의 공통적 속성인 독창성과 보편성이 더욱 풍부해지면서 하나의 '세계'가 창조된다. 이 세계는 모든 예술이 인간의 감수성 속에서 존속해 나가기 위해 반드시 필요하다.

그런데 새로운 책, 로뷔숑에게 바치는 새로운 오마주, 새로운 평가, 창조적 예술가들에게 바치는 새로운 요리(타피에스에 대한 오마주뿐 아니라 의도치 않게 다른 조형 예술가들에게도 오마주를 바쳤다. 1998년의 작품은 마크 로스코[23]에 대한 오마주로 볼 수 있다), 세비야의 호텔, 다양한 콜라보레이션 등을 위해서는 돈이 필요했다. 돈이 있어야 앞으로 나아

---

23 Mark Rothko(1903~1970): 감상적이고 과장된 추상표현주의 양식에 인간의 내면을 관조하는 명상적 성찰을 도입한 화가이다.

갈 수 있었다. 하지만 돈 때문에 예술적 작업이 방해를 받거나 가격 인상으로 고객을 선별하는 일은 없어야 했다. 이 모든 일을 다 해낸다는 것은 벅찬 일이었다. 1년 중 6개월만 문을 여는 것으로는 부족했다. 더 멀리까지 나아가려면 6개월도 길었다. 여름 내내 매일 두 차례의 식사를 준비하느라 종일 (여러 명의 단원으로 구성된 그의 오케스트라와 함께) 주방에만 붙어 있어야 하는 페란 아드리아는 너무 지친 나머지 대화를 나누는 것도 힘들어 보였다. 새로운 아이디어가 떠올랐을 때 곧바로 그것에만 몰두하는 게 불가능했다. 결국 그는 1998년부터 내게 말해 오던 것을 실천에 옮겼다.

2001년부터 엘불리는 저녁에만 문을 열었다. 하루 50명, 1년에 8천 명 정도의 손님만이 엘불리에서 식사할 기회를 누릴 수 있었다. 1995년만 해도 며칠 전에 전화를 해서 예약에 성공한 적이 있었지만, 2001년에는 3월에 이미 한 해 동안의 모든 예약이 끝나 버렸다. 수백만의 사람들이 그곳에서 식사하고 싶다는 생각을 단념해야 했다. 그러나 페란 아드리아와 훌리 솔레르는 고집을 굽히지 않았다. 그들은 가격을 올리거나 식당을 확장할 생각이 없었다. 그들은 전 세계에 수십 개의 분점을 내고 직접 주방에 들어가지도 않으면서 비행기를 타고 이곳저곳의 사업 미팅에 참여하느라 여념이 없는 유명 셰프들과는 달랐다. 점심 영업을 포기한 덕분에 그들은 엘불리가 문을 연 기간 동안에도 매일 창조적 작업을 계속하면서 수백 개의 명작을 내놓았다. 그중에는 바삭바삭한 왕새우 머리와 내장을 뺀 몸통을 피펫 형태의 관이 관통하는 놀라운 형태의 요리도 있었다. 피펫 속에는 이 요리의 에센스라 할 수 있는 즙이 담겨 있었다. 손님들에게 이 요리들은 하나의 사건이었다. 이 각각의 사건은 우리가 예상조차 할 수 없는 새로운 감각적 영토를 개척하게 될 것이었다. 매년 전 세계 수백 명의 요리 비평가들의 투표로 레스토랑 순위를 선정해서 발표하는 영국의 〈레스토랑 매거진〉은 처음으로—그리고 이것이

새우 피펫-꼬치
Pipeta de gamba en sashimi y su cabeza caramelizada, 2001.

마지막이 아니었다—엘불리를 최고의 레스토랑으로 선택했다. 전 세계
의 미식가들은 엘불리까지의 이동거리나 가격 따위는 아랑곳하지 않았
다. 일단 예약에 성공하느냐가 문제였다. 페란 아드리아는 예술적 시도
를 끝까지 밀어붙였다. 메뉴판은 사라지고 모든 손님들에게 동일한 메
뉴가 제공되었다. 매년 새로운 메뉴가 개발되었고, 영업 기간 동안 손님
들에게 매주 새로운 요리가 제공되었다. 전시회 관람객에게 화가가 어
떤 그림을 걸었으면 좋겠냐고 묻는 경우는 없지 않은가? 손님들은 배를
채우거나 자신의 취향에 맞는 음식을 골라 먹기 위해 엘불리를 찾지 않

는다. 그들은 예술가가 작품의 형태 속에 구현한 감정을 느끼고 새로운 취향을 경험하기 위해 연주회장을 찾는 관객과 같다. 어쩌면 페란 아드리아를 비난하는 이들은 이런 것들을 이해하기에는 문화적 소양이나 열린 마음 자세가 부족한지도 모르겠다. 그들의 사소한 이야기들을 듣다 보면 예전에 인상주의는 더 이상 회화가 아니라는 둥, 피카소는 그냥 "되는대로 그림을 그린다"는 둥 떠들어 대던 사람들을 떠올리게 된다. 예술계는 페란 아드리아를 영예로운 일원으로 받아들였다. 요리라는 분야에서는 처음 있는 일이었다.

대다수의 요리사들은 이처럼 현기증이 날 정도로 최정상의 자리에 오르면 충분히 만족할 것이다. 그러나 페란 아드리아는 여기서 멈추지 않았다. 모험을 좋아하기로는 훌리 솔레르도 그에 뒤지지 않았다. 그리하여 이 위대한 역사의 또 다른 페이지가 열리게 되었다. 일본과 남미에서의 가을 여행, 연구소에서의 온갖 미친 실험들, 지금까지 만든 모든 작품들의 레시피를 정리하고 출판하는 작업 사이에서 페란 아드리아는 중단 없는 혁명을 계속해 나갔다. 그중에는, 뒤에서 다시 언급하겠지만, 식사 순서조차 바꾸는 시도까지 포함되었다. 2003~2011년 사이 그의 창조적 작업이 계속되는 동안, 그에 대한 찬사는 끊일 줄을 몰랐다. 그는 온갖 종류의 메달을 받았고, 수많은 강연회와 컨퍼런스에 초대받았으며, 다양한 칭호의 최고 요리사로 선정됐다. 뿐만 아니라 전 세계에서 그에 관한 기사만 1만 편이 넘게 쓰였고, 수도 없이 방송국에 불려가거나 책 속에 등장했다. 요리사로서는 이례적으로 독일의 카셀 도쿠멘타 현대미술전에 초청받기도 했다. 전 세계의 유명 셰프들이 엘불리를 방문했고, 심지어 만토바니는 그의 요리에서 영감을 받아 곡을 만들기도 했다. 이에 대해서는 뒤에서 다시 살펴볼 것이다.

지금까지 간단하게 엘불리의 위대한 역사를 되짚어 보았다. 마지막으로 에피소드를 하나 소개하는 것으로 이야기를 마칠까 한다. 페란 아드리아는 2010년 1월 26일 마드리드에서 지속적인 발명의 조건을 만들어 내기 위해 2011년 7월 말 엘불리의 문을 닫겠다고 선언했다. 10년 전이미 나에게 자신의 꿈이라고 밝혔던 그 자유가 마침내 실현된 것이다. 그는 중국에서 3개월을 보낸 후에, 전 세계에서 온 요리사 연수생들이 자신만의 스타일로 요리를 창조할 수 있는, 모든 것을 시도할 수 있는 예술적 공간을 만들겠다고 했다. 창조에는 시간이 필요하다는 이유로 세계 최고의 명예를 얻게 된 레스토랑의 문을 닫겠다는 그의 선언에 어안이 벙벙해진 기자들에게 그는 "문을 닫는 게 아니라 바꾸는 것이다"라고 일갈했다! 페란 아드리아는 "모델을 창조해야 할 뿐 아니라 아틀리에에 가서 바느질까지 해야 한다. 내가 하고 싶은 것은 프레타포르테가 아니라 오트쿠튀르다. 남들이 내 작품을 베끼든 말든 신경 안 쓴다"▪고 했던 디오르의 유명한 디자이너의 말을 인용했다. 그리고 그에게 누가 레스토랑을 물려받을 것인지 묻는 기자에게 이렇게 말했다. "은퇴한다는 말이 아니다! 사람들은 내 말을 전혀 이해하지 못했다. 작별을 고하는 게 아니란 말이다!"

그러나 요리의 역사 속에서 엘불리가 어떤 위치를 차지하고 있는지 이해하기 위해서는 요리에도 역사가 있다는 사실부터 이해할 필요가 있다.

▪ 〈쿠리에 앵테르나시오날〉, 2010년 12월 22일자에 번역, 게재. 자사 지면에 내보내는 기사의 의미조차 제대로 이해하지 못한 게 분명하다. '포스트 아드리아 시대 개막'이라는 제목이 붙어 있다. 그러나 수년 전부터 포스트 아드리아는 언제나 아드리아 자신이었다!

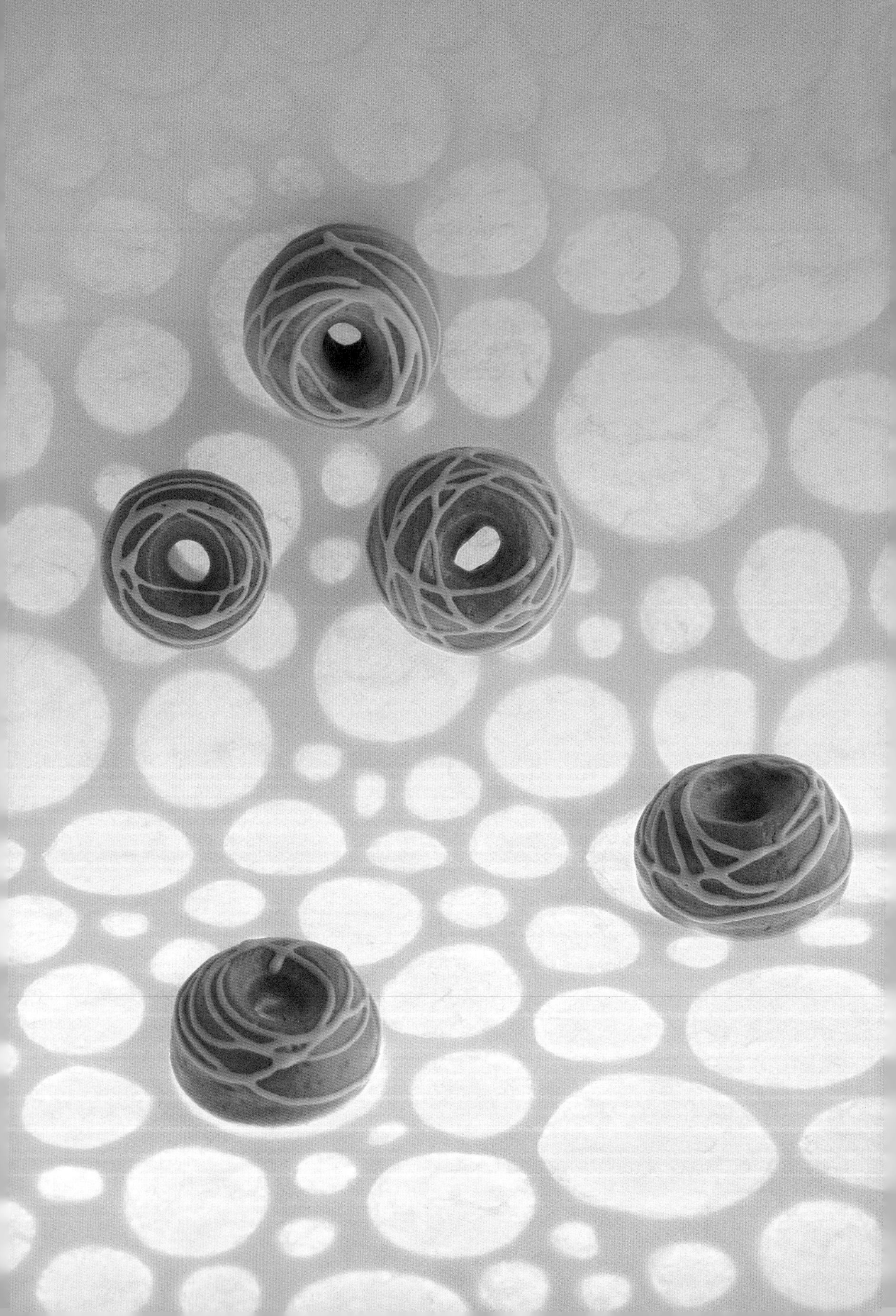

4

새로운 아타락시아로

———

De l'hygiène au plaisir

❖

12년쯤 전의 일이다. 격렬한 토론을 벌이던 중에 페란 아드리아는 앙트레에서 시작하여 생선과 고기 요리를 먹고 과일과 단 음식으로 마무리하는 식사 순서를 왜 반드시 지켜야 하는지 모르겠다며 흥분했다. 그는 오직 자신의 창조가 명하는 순서에만 따르고 싶다고 했다. 단지 창조적 충동만은 아니었다. 그 속에는 심오한 역사적 성찰이 담겨 있었다. 이를테면 다음과 같은 질문들이 가능하다. 우리는 왜 르네상스 초반처럼 식사를 시작할 때 과일을 먹지 않고 식후에 먹는가? 왜 단 것은 더 이상 짠 것 전에 나오지 않게 되었을까? 왜 삶은 것은 대부분 구운 것 전에 나오지 않는가? 왜 오늘날 요리는 테이블 위에 한꺼번에 차려지지 않고 하나씩 차례로 나오는가? 왜 프랑스에서는 18세기부터 이 서빙 순서가 영양학diététique의 기준이 아니라 미식법gastronomique의 기준에 따라 결정되었을까?

각 문화는 자신의 식사법을 당연한 것으로 여기는 경향이 있다. 그러나 식사법은 복잡한 역사의 산물로서 사회문화적 현실과 깊게 연관되어 있다. 이 논리는 인간의 다양한 활동 속에서 탄생했지만 곧 그 활동을 지배하게 되었다. 요리와 관련된 기술들은 이처럼 다른 기술들과 비슷한 경로를 거치며 발전했다. 요리는 인간의 감각을 더 높은 차원으로 고양시킴으로써 인간성을 생산하는 끊임없는 창조적 과정이었다. 보편적인 문화란 바로 이런 수많은 독특한 발명들이 있었기에 성립 가능했던 것이다.

프랑스 요리는 거의 두 세기 전부터 이 창조적 움직임 속에서 독특한 발전 경로를 밟아 왔다. 당시 전 세계적으로 몇몇 지역만이(이를테면 아시아) 위대한 요리 문화를 자랑할 수 있는 수준이었다. 프랑스 요리가 지금 수준으로 대접받게 된 것은 여러 차례에 걸쳐 자기 혁신을 이루고 그때마다 전 세계로 그 영향력이 파급되었기 때문이다. 그 결과 프랑스 요리를 요리의 창조적 기준으로 삼는 경향까지 생겼다. 그러나 그 기준 조차도 사실은 역사의 산물이라는 사실을 잊어서는 안 된다. ▪

앞에서 이미 언급했듯이, 철학이 상당히 자주 음식의 조리법에 경멸의 시선을 던진 까닭은 그것이 생명 유지를 위해 필수적이라는 사실을 몰라서가 아니라 먹는다는 행위가 우리 삶의 가장 생리적이고 동물적인 측면과 연결되기 때문이다. 향기는 호흡이라는 행위에 새로운 가치를 부여해 준다. 반면, 무언가를 마시는 행위는 축제를 위해서 혹은 만사를 잊으려고 술을 마시는 경우 등을 제외한다면 그저 생명을 유지하기 위한 것에 불과하다. 미각은 지적 위계질서 속에서 시각과 청각보다 훨씬 낮은 위치인 촉각과 후각 사이에 있는 것으로 여겨졌다. 시각과 청각은 직접적인 물질적 접촉 없이도 멀리 떨어진 세계와 관계를 맺을 수 있도록 해 주는 감각들이다. 음악, 회화, 조각, 글로 쓰이거나 낭송되는 시詩 등 가장 고도의 예술 장르들이 이 감각들에 의존하는 것도 이런 이유 때문이다. 모든 예술적 창조에 필수불가결한 요소인 이 '재현의 기준'에 대해서는 뒤에서 다시 살펴볼 것이다. 예전부터 요리는 이 기준을 만족시킬 수 없다고 여겨져 왔다.

그런데 무슨 연유인지 우리가 사용하는 언어(프랑스어)에서는 미학적 능력을 나타내는 데 '맛'[24]을 뜻하는 단어가 사용된다. 반면, 덜 감각적이고 더 이론적인 것들에 대해서는 '명백함'évidence 혹은 '명료성'clarté

24 goût: '취향'이라는 뜻도 있다.
▪ 이 주제와 관련하여 좀 더 자세히 알고 싶다면 다음 책들을 참조할 것. J-L. Flandrin이 쓴 《L'ordre des mets》, Odile Jacob, 2002. 그리고 J-L. Flandrin와 M. Montanari가 쓴 《l'Histoire de l'alimentation》, Fayard, 1996. 그리고 Anthony Rowley가 쓴 《Une histoire mondiale de la table》, Odile Jacob, 2006. 마지막으로 Maurice Bensoussan가 쓴 《Les particules alimentaires》, Maisonneuve & Larose, 2002.

'프랑스식 서빙', 파리에서 달브 공작이 베푼 연회, 1707년. (그림 일부)

등 '보는' 것과 관련된 표현이 쓰이고, '듣는다'entendre는 이해한다는 의미로 쓰인다. '저급하게 물질적'이라고 여겨지는 미각은 이렇게 역설적으로 고급한 문화적 의미를 얻게 되었다. 헤겔은 영양 섭취 행위야말로 가장 유기적인 행위이며, 그 방식을 계발하는 모든 행위 속에 가장 수준 높은 인간적 의미가 내포되어 있다고 했다. 그러나 바로 그런 이유로 그 행위가 예술이 될 수도 있지 않을까 하는 질문까지 나아가지는 못했다. 민족학은 인간화의 기준을 음식을 익혀 먹는 습관에서 찾았고, 예수는 오직 영혼으로만 도달할 수 있는 대상을 빵과 포도주라는 상징적 재현을 통해 표현했다. 미식법gastronomie이라는 용어도 변천을 겪었다. 처음에는 '위장의 규칙', 즉 생명과 위생을 위한 규칙이라는 의미로 쓰이다가 미식을 만드는 기술, 즉 손님에게 맛있는 음식을 대접하는 기술이라는 의미로 바뀌었다. 이처럼 요리와 관련된 말의 역사 속에는 각 문화 속에서 먹는 행위의 문화적 방식, 그 규칙과 순서, 사회적이고 공동체적인 성격 등이 내재돼 있다. 따라서 먹는다는 행위를 '자연적'인 것으로 간주하는 편견은 항상 하나의 역사, 논리, 사회문화적 차원의 감수성의 존재를 놓치는 것이다.

지금까지 한 이야기를 유럽, 그중에서도 특히 프랑스에 국한해서 살펴보자. 고대 선조들의 식사법들을 살펴보면 그것이 종교적이고 영양학적인 요소들과 불가분 연결되어 있음을 알 수 있다. 플라톤과 아리스토텔레스는 식도락을 악으로 여겼고, 에피쿠로스와 스토아학파뿐 아니라 견유학파 철학자들은 마음의 평정(아타락시아)을 방해하는 열정에 의존하는 것이라고 비판했다. 한편, 기독교와 유대교, 이슬람교는 음식 섭취에 대해 매우 진지한 태도를 취했다. 한쪽에서는 연체동물 혹은 돼지고기 섭취를 금지했고, 다른 쪽에서는 일주일에 하루 고기 섭취를 금지했다. 종교에 따라 각기 다른 기간 동안 단식을 해야 했으며, 특정 축제 기간 동안 먹는 전통 음식들이 존재했다. 빵이나 생선이 등장하는 기적

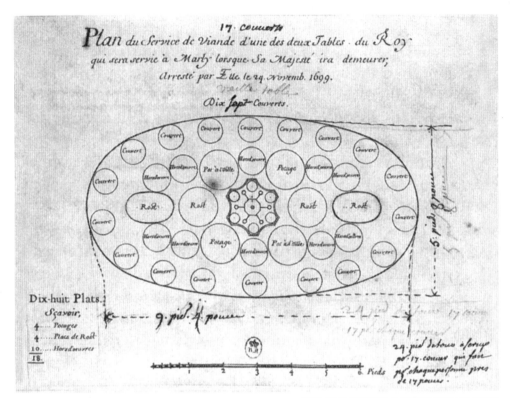

프랑스 국왕을 위한 '프랑스식 서빙'의 기하학적 구성, 1699년.

에 관한 이야기들도 많았다. 365년, 수도사 에바그리우스 폰티쿠스는 식도락을 아담의 원죄 이래 가장 큰 죄로 규정하고 그 죄인을 사형에 처해야 한다고 주장했다. 6세기에 교황 그레고리 1세는 식탐이라는 죄가 성립하는 조건을 구체적으로 제시하였다. 그는 "미각이라는 비천한 감각"을 만족시키기 위해 가장 맛 좋은 음식을 찾아 먹는 것, 즐거움을 위해 요리에 맛을 첨가하는 것, 과식 혹은 지나친 식탐을 죄로 보았다. 식도락은 신학자이자 철학자였던 토마스 아퀴나스에 이르러서야 죄가 경감되었다. 그리고 단테에서 시작하여 마침내 교회도 식도락과 식탐, 폭식을 구별하기 시작했다. 그러나 19세기에는 몇몇 지역에서 식도락을 '프랑스의 악'이라고 비난하기도 했고, 몇몇 유럽 나라에서는 생우유 치즈가 건강에 해롭다는 말이 나돌기도 했다. 오늘날 페란 아드리아가 음식의 위생 문제로 격렬한 비난을 듣는 것과 비슷하지 않은가? 17세기에는 차가운 샴페인을 마시면 혈액의 온도가 떨어진다는 소문이 나돌기도 했다! 이처럼 아득한 과거부터 영양학과 종교는 우리의 식사 방식을 규정해 왔다. 그 때문에 우리는 요리법은 일종의 자연의 '법칙'이라는 생각을 하게 되었고, 영원한 것으로 간주된 이 규칙들을 어기면 요리법이 성립하지 못할 것이라는 두려움을 갖게 된 것이다. 그러나 최근 한 세기의 역사를 돌이켜 보면 그렇지 않다는 것을 알 수 있다.

17세기까지 사람의 위는 일종의 통 같은 것으로 인식되어 그것을 막히지 않게끔 하면서 채우는 것이 문제가 되었다. 그 통을 막히게 하는 것은 더 '무거운' 것들이다. 그리고 신은 '무거운' 것일수록 더 아래쪽에 위치하도록 만들었다. 이런 신학적-위생학적 이유 때문에 사람들은 하늘에서 온 것부터 먹기 시작하여 점차적으로 무거운 것을 먹었다. 나중에 섭취한 무거운 음식이 이미 섭취한 가벼운 음식을 눌러서 차곡차곡 쌓을 수 있으리라 생각한 것이다. 그래서 처음엔 과일과 새 요리를 먹고, 그다음에 포타주와 치즈, 고기와 파테[25], 생선을 먹고 마지막으로 야채를 먹었다. 당시 사람들은 처음 먹는 음식을 '앙트레(입구)'entrée라고 표현하고, 식탁을 치우기(desservir: 여기에서 디저트dessert라는 말이 유래했다) 전에 먹는 마지막 음식을 '이쉬 드 타블'[26]이라고 불렀다. 본 요리들이 서빙 되는 사이에 '앙트르메'[27]라는 것이 있었다. 이를테면 무

---

25 pâté: 고기나 생선 구운 것을 파이 껍질로 싸서 구운 것.
26 issue de table: 그대로 옮기면 '식탁의 출구'라는 의미이다.
27 entremets: 그대로 옮기면 '음식들 사이'entre mets라는 의미.

웨스트민스터 홀에서 개최된 제임스 2세 즉위식 연회, 1685년. (그림 일부)

곡이 연주되거나, 광대놀이나 곡예, '살아 있는 새 파테' 같은 놀이 등이 펼쳐졌다. 이 단어들은 어원은 잊힌 채로 오늘날까지 사용되고 있다. 예를 들면, 중세시대에는 나무 받침대 위에 판자를 올려놓고 점심식사를 한 후에 판자를 정리했다. 날씨에 따라 식사 장소를 바꾸기 위해서였다. 여기서 '테이블을 놓는다'[28]는 표현이 유래하여 지금까지 사용되고 있다. 마찬가지로 15세기까지는 음식에 독약을 넣지 못하도록 만전을

28 mettre la table: 상을 차리다.

기했다는 의미로 모든 음식과 마실 것에 뚜껑을 씌워 손님들에게 대접했다. 여기서 '뚜껑을 덮어'à couvert [29] 음식을 내온다는 표현이 나중에는 재밌게도 식탁을 차린다는 의미의 '뚜껑을 덮는다'mettre le couvert는 표현으로 남게 되었다. 그리고 '오르되브르'horsd'oeuvre라는 말은 코스 순서에 맞지 않거나 손님들에게 놀라움을 선사하는 음식을 지칭하기 위해 만들어진 표현이다.

물론 코스의 순서는 절대불변의 보편적인 것은 아니었지만 그 속에는 일종의 경향적 논리가 내재되어 있었다. 예를 들면 다음과 같은 순서가 가능했다. 생과일, 햄 요리, 따뜻한 파테, 삶은 고기, 소스를 곁들인 포타주와 고기, 구운 고기와 차가운 파테, 그리고 마지막으로 '이쉬 드 타블'. (꼭 단 음식이 나와야 한다는 법은 없었다. 16세기까지 단 것과 짠 것은 뒤섞여서 서빙 되었다.) 17세기 초에 이르러 포타주와 앙트레의 순서가 뒤바뀌었고 마리 드 메디시스[30] 덕분에 귀족들은 식사를 할 때 개인별로 나이프와 이가 셋 달린 포크를 사용하기 시작했다. 이전에는 안전을 이유로 뒤에서 하인이 직접 잔을 채워 주어야 했던 것을 이제 본인이 직접 하게 되었다.

이상에서 살펴보았듯이 페란 아드리아를 비판하는 이들 중 상당수는 지구 전체로 보면 극히 작은 지역에서 불과 몇 세기 전부터 지켜 온 규칙을 무슨 신성한 질서라도 되는 것처럼 떠받들고 있는 것이다. 이미 스페인의 '타파스'tapas 전통은 이 소위 '불변의 질서'를 무시해 왔다. 어떤 의미에서 엘불리의 요리 혁명이 스페인에서 시작된 것은 우연이 아니었던 셈이다.

---

29 비유적으로 '보호된', '안전한'의 의미도 있다.

30 Marie de Médicis(1573~1642): 이탈리아 피렌체의 메디치 가문 출신 프랑스 왕비로 앙리4세의 부인이자 루이13세의 어머니이다. 고국 이탈리아로부터 요리사와 음식 재료들을 들여와 프랑스에 대거 소개했다.

루이13세가 퐁텐블로 궁전에서 베푼 연회, 1633년. (그림 일부)

　더 중요한 것 한 가지를 지적하고 넘어가야겠다. 19세기 주류를 이루었던 '프랑스식 서빙'은 현재 우리가 알고 있는 프랑스 요리 서빙 방식과는 완전히 달랐다. 이때의 식사는(물론 귀족, 부자들의 식사를 말한다) 여러 차례의 '서비스'service로 구성되어 있었는데, 각 서비스마다 다양한 요리로 가득한 접시들이 테이블 전체를 꽉 채우는 식이었다. 각 손님들은 그중 자기 손이 닿는 거리 내의 요리들을 맛보면 되었다. (그래서 안전을 위해 잔을 올려놓지 못하게 금지한 것이다. 적어도 공식적인 이유는 그랬다.) 테이블 전체의 조화를 중시하는 이 프랑스식 서빙은 다양한 기하학적 대칭을 추구하는 '프랑스식 정원'과 비교되기도 했다. 한 예로, 베르사유에서는 한 테이블에 최고 8백 개의 접시가 서빙 되는 경우도 있었다!

18세기 프랑스식 서빙의 한 예를 살펴보자. (과거의 공식적인 관행에서 어느 정도 자유로워진 경우이다.) **1차 서비스**: 포타주 두 가지, 오르되브르 두 가지, 테이블 중앙에 소고기 한 조각. **2차 서비스**: 앙트레 네 가지 (송아지 넓적다리 고기와 송로버섯, 바질 양 갈비, 오리고기, 영계). **3차 서비스**: 산토끼 새끼 고기, 비둘기 네 마리, 파테, 아이스크림, 슈플뢰르 크림. **4차 서비스**: 생과일, 사과와 배 설탕 졸임, 와플, 밤, 그로제유 젤리, 살구 마멀레이드. 요리들이 서빙 되는 순서가 오늘날과 상당히 유사하지만 서빙 방식 속에 내재된 논리는 완전히 고대적인 관념을 따르고 있다.

이 논리를—다른 많은 것들과 함께—완전히 뒤바꾸고 프랑스 요리를 독특한 것으로 만든 결정적인 사건이 있었으니, 바로 1789년 프랑스 대혁명이다. 인류 역사상 처음으로 지배계급의 단순한 교체 이상의 것을 쟁취한 대중 혁명이었다. 이 때문에 귀족들을 위해 요리를 하던 유명 셰프들은 일시적 실업 상태에 빠졌다. 이들은 생계를 위해서, 노하우를 계속 발전시켜 나가기 위해서 본격적인 레스토랑을 열게 되었다. 이미 레스토랑들이 존재하고 있긴 했으나 그때까지의 레스토랑은 말 그대로 음식 섭취를 통해 (그리고 와인을 마심으로써) '원기를 회복하는'restaurer 곳이었다. (당시 물은 마실 수가 없는 상태였다. 레스토랑의 쇠창살문은 취객들이 술을 더 마시려고 다시 들어오는 것을 막기 위한 방편이었다.) 혁명 전에는 왕궁이나 귀족들의 성 또는 대저택에서 일하던 셰프들이 돈을 받고 예전에 만들던 요리를 팔기 시작한 것이다. 프랑스 요리는 이처럼 프랑스 대혁명의 예기치 않은 결과로 탄생했다. 당시 파리에서는 '레 프레르 프로방소'Les frères provençaux, '르 로셰 드 캉칼'Le rocher de Cancale, '르 카페 앙글레'Le café anglais, '라 타베른 드 롱드르' La taverne de Londres 등의 레스토랑이 큰 인기를 끌었다. 파리는 유럽 요리의 수도가 되었고 그 자리를 지금까지 지켜 오고 있다. 1789년 전에는 파리에 100여 곳의 레스토랑이 있었지만 혁명 후에는 500곳을 헤아렸다! 그런데 문제가 하나 있었다. 과거 귀족들은 개인의 취향과 무관하게 일괄적으로 식사를 대접받았다. 그러나 레스토랑의 손님들은 자신이 먹은 것에 대해서만 돈을 지불하고 싶어 했다. 방법은 하나뿐이었다. 선택 가능한 메뉴와 각 요리의 가격을 게시하는 것이다. 그렇게 할 경우 전통적인 방식의 서비스는 더 이상 불가능했다. 결국 새로운 식사 방식을 위해 과거의 방식은 포기하는 수밖에 없었다. 파리 사람들에겐 분명 새로운 방식이었지만 러시아의 귀족들에겐 이미 익숙한 방식이었다. 그들은 요리를 하나씩 차례로 맛보았다. 그럴 경우 각각의 요리가 알맞은 온도로 서빙될 수 있었다. 과거의 방식에서처럼 요리가 다른 접시들 사이에서 식어가도록 내버려 두지 않아도 되었다. 프랑스의 유명 레스토랑은 기존의 프랑스식 서빙 대신 이런 '러시아식 서빙'을 채택하기 시작했다. 그러나 혁명 후까지 생존한 귀족들은 이 새로운 방식을 천박하다고 경멸하면서 고고하게 프랑스식 서빙을 고수했다. 한 가지 덧붙이자면, 이 새로운 서빙 순서가 일반화되면서 생선 요리는 단독 코스로 독립하여 고기 전에 서빙 되기 시작했다. 또한 과거에는 수백 개의 접시가 테이블 위에 한꺼번에 차려졌던 반면 새로운 방식 속에서는 단지(!) 10~20여개의 요리가 차례로 서빙 되었다. 이런 식으로 19세기 프랑스에서는 점차적으로 러시아식 서빙이 일반화되었다. 매 식사마다 서빙 되는 요리의 가짓수는 다양했고 그 사이에 알코올음료가 제공되기도 했다. (당시에는 이를 '쿠드 밀리외'coup du milieu라고 불렀는데, 그 후에 이상하게도 '트루 노르망'trou

HUIT MENUS
DRESSÉS PAR M. VUILLEMOT,
DE LA TÊTE-NOIRE (SAINT-CLOUD)

PRINTEMPS

DINER
DE HUIT
COUVERTS

(MENU DE SURPRISE POUR HUIT PERSONNES,
QUATRE SURVENUES INOPINÉMENT).

Potage croûte au pot..

Hors-d'œuvre.

Radis, beurre, sardines.
Bœuf garni de carottes nouvelles.
Rognons glacés.
Tourte au godiveau à l'ancienne.
Pigeons de volière à la broche.
Friture de goujons.
Salade de laitues aux œufs.

Dessert.

Brioche (milieu), fromage crème, fraises
ananas (de serre), nouveautés, men-
diants, pommes de calville.

Vins.

Madère, Bordeaux, Saint-Émilion, Vol-
nay, Champagne, Pommery et Greno.
Café, cognac, fine champagne, liqueurs.

DÉJEUNER
DE HUIT
COUVERTS

Hors-d'œuvre.

Radis, beurre, huîtres d'Ostende, canapés
d'anchois.
Matelote marinière, carpe et anguille.
Côtelettes de mouton panées, sauce
piquante.
Poulet nouveau rôti, cresson.
Salsifis frits.
Salade chicorée sauvage.

Dessert.

Profiteroles au chocolat, fromage roque-
fort, poires Saint-Germain, mendiants,
biscuits de Reims.

Vins.

Chablis, Saint-Émilion, Chambertin.
Café et liqueurs.

DINER
DE DOUZE
COUVERTS

(MENU DE SURPRISE)

Potage tapioca.
Hors-d'œuvre divers.

Relevés.

Saumon à la hollandaise.
Pommes de terre nature.
Aloyau braisé glacé.
Laitues à la printanière.

Entrée.

Pieds de veau à la Custine.

Rôts.

Poulets bordés au cresson.
Salade de romaine.

Entremets.

Choux-fleurs au parmesan.
Charlotte russe glacée.

Desserts.

Nougat, fromage de Brie, petits-fours,
salade d'oranges, marrons rôtis au
cognac.

Vins.

Sainte-Estèphe, Xérès, Pommard, Cham-
pagne : Moët frappé.
Café, cognac, fine champagne, cura-
çao de Hollande, chartreuse.

DÉJEUNER
DE DOUZE
COUVERTS

Hors-d'œuvre.

Beurre, radis, crevettes, olives.
Homard à l'américaine.
Rognons de mouton sauté, vin de Cham-
pagne.
Canetons de Rouen aux croûtes.
Asperges en branches à la sauce.
Salade de romaine.
Madeleine glacée.

Dessert.

Gâteau de Compiègne, fromage à la
crème, fraises, amandes vertes, petits-
fours.

Vins.

Sauternes, Fleury-Mâcon, Château-Léo-
ville, Cliquot rafraîchi.
Café, fine champagne, crème de moka,
kirschwasser.

DINER
DE QUARANTE
COUVERTS

Hors-d'œuvre.

Radis, canapés d'anchois, crevettes, olives,
thon mariné.

Potages.

Bisque d'écrevisses tapioca.

Hors-d'œuvre variés.

Bouquets de crevettes.

Relevés.

Truite saumonée sauce génoise.
Turbot à la hollandaise.
Filet de bœuf à la régence.
Quartier de chevreuil sauce poivrade.

Entrées.

Bouchées à la reine.
Épigrammes d'agneaux aux pointes d'as-
perges.
Perdreaux à la Périgueux.
Aspic de homard, écrevisses Vuillemot.

Rôts.

Sorbets au marasquin, sorbets au kirsch.
Poulardes aux truffes.
Faisans de Bohême bardés.
Salade de romaine, salade de laitues.

Entremets.

Petits pois à la française, haricots verts
à l'anglaise, turban d'ananas, gelée à la
russe.

Pièces de pâtisserie.

Mille-feuilles, baba, parfait glacé, bombe
pistache.

Dessert.

Corbeille de fruits, fromages, pâtisseries
diverses.

Vins.

Madère, Saint-Julien, Château-Yquem,
Château-Margaux, Chambertin Rœde-
rer frappé.
Café, fine champagne et liqueurs diverses.

레스토랑 '라 테트 누아르'(생—클루 소재)의 셰프 뷔유모가 구성한 메뉴 여덟 가지.

normand이라는 표현으로 바뀌었다.)[31] 이렇게 프랑스 요리가 현재의 모습을 갖추기 시작한 것은 그 역사가 2세기도 채 안 된다. 당시의 실제 메뉴 두 가지를 예로 살펴보자.

'카페 앙글레'의 디너 메뉴: 우선 오르되브르 네 가지, 포타주 두 가지와 앙트레 네 가지(로브스터, 오리, 펀치, 소르베)가 나온 후, 구운 고기 두 가지, 샐러드 한 가지와 앙트르메 네 가지(아스파라거스, 아티초크, 푸딩, 텡발). 그리고 마지막으로 과자pâtisserie 두 가지. 오늘날의 요리와 매우 흡사하다. 당시 메뉴판을 보면 맨 밑에 "이 디너는 러시아식으로 서빙 가능함"이라고 쓰여 있다. 이를 통해 프랑스식 서빙은 혁명 이후에 하나의 옵션 형태가 되어 그것을 원하는 손님들에게만 제공되었다는 사실을 알 수 있다.

두 번째 예는, 알렉상드르 뒤마의 《요리 대사전Grand dictionnaire de cuisine》에서 발췌했다. 뒤마가 죽음을 앞두고 완성한 이 책은 그의 사후에 출간되었다. ▪

다음은 1865년 조베르 드 랑베르 박사 저택에서 준비한 스무 명 분 식단이다. **포타주**: 크루트와 자고새 퓌레. **오르되브르**: 지비에 크레피네트[32], 볼로방[33]. **를르베**[34]: 잉어, 송로를 넣은 칠면조. **앙트레**: 자고새 가슴살, 가금류 가토, 송로가 들어간 노루 갈비살, 로브스터 샐러드, 로제 펀치. **구운 고기**rôts: 송로를 넣은 닭고기, 푸아그라. **앙트르메**: 본마

---

31 우리말로 거칠게 옮기면 전자는 '중간의 한 잔', 후자는 '노르망디의 구멍' 정도가 되겠다.

32 crépinette: 돼지고기, 날짐승 고기 등을 저민 뒤 돼지의 내장에 싸서 구운 것.

33 vol-au-vent: 파이 껍질 속에 고기나 생선 따위를 넣은 요리.

34 relevés: 수프 다음에 나오는 요리.

▪ 알렉상드르 뒤마는 《요리 대사전》의 원고를 1870년 편집자에게 넘겼다. 그러나 생전에 책의 출간을 보지 못했다. 이 책은 1873년 르콩트 드 릴과 아나톨 프랑스에 의해 그의 유작으로 출판됐다. 그 후 1973년 리바데네이라 출판사(마드리드)에서 개정판이 나왔다.

로35, 샴페인에 삶은 송로버섯, 탱발36, 브리오슈 모슬린. 1960~70년대 누벨 퀴진이 등장하기 전까지 프랑스 요리의 기초를 이룬 소위 '부르주아 요리'는 전 세계로 확산되면서 보편성을 획득했다.

　우리는 왜 그리고 어떻게 누벨 퀴진이 주목을 받게 됐는지, 그리고 페란 아드리아의 창조적 작업에 어떤 영향을 미쳤는지 살펴볼 것이다. 그러나 그의 창조적 성과를 제대로 평가하기 위해서는 우리가 잊어 온 긴 역사 속에 그의 작업을 자리매김할 필요가 있다. 간략하게나마 그 역사를 되짚어 봄으로써 우리는 요리법이 영원불변하지 않다는 것을 확인할 수 있다. 그리고 요리라는 분야에서 새로움을 수용한다는 것은 곧 바흐가 음악의 끝이 아니며, 레오나르도 다빈치가 회화의 끝이 아니라는 사실을 받아들이는 것과 같다. 19세기의 요리는 영양과 종교의 논리보다 즐거움의 논리를 우선시하는 조리법을 정착시켰다고 할 수 있으며, 현재까지 프랑스에는 그 전통의 흔적이 남아 있다. (유럽 안에서든 밖에서든 프랑스가 이 즐거움을 독점했다고 말할 수는 없다. 아시아인들은 이 즐거움을 생활의 지혜 속에 포함시켰고, 기타 유럽 지역에도 역시 높은 수준의 다양한 전통들이 존재한다.) 그럼에도 가장 최근까지 전 세계를 매료시킨 것은 역시 프랑스 요리였다. 이런 관점에서 페란 아드리아는 이웃 프랑스인들에게 문제를 하나 제기한다. 이 문제는 유치한 민족주의적 관점으로 보면 맞서 싸워야 할 위험일 수도 있지만(그렇게 생각하는 이들이 실제로 있다), 예술적 관점에서는 다음과 같은 질문이 된다. 보편적인 차원에서 어떤 새로움인가? 무엇에 도전하는가? 모방이 아닌 새로운 영감의 원천은 어디에 있는가? 페란 아드리아는 20세기 초 프랑스 요리를 세계에 알린 에스코피에와 프랑스 누벨 퀴진의 선구자들의 책과 요리를 통

---

35 moelle: 골수와 카르동(아티초크의 일종).
36 timbale: 고기 혹은 가재류를 소스에 찐 파이.

해 모든 것을 배웠다는 사실을 여러 번 강조했다. 그러나 이제 상당수의 프랑스 요리사들이 마치 반 고흐가 일본 미술에, 피카소가 아프리카 미술에, 드뷔시가 미국 재즈에 열광했던 것처럼 엘불리의 철학 속에서 강력한 창조적 영감을 얻고 있는 것 같다.

이런 맥락과 과정 속에서 유일하게 제기되는 질문은, 페란 아드리아가 어떤 면에서 실질적인 단절을 가져왔는지, 이 단절로 요리법이 예술의 일종이 되었는지의 문제이다. 이 문제를 심사숙고하다보면 페란 아드리아가 창조한 것은 요리와는 다른 무엇이므로 처음부터 논쟁 자체가 성립하지 않는다는 식의 결론에 이르게 될 가능성도 배제할 수 없다.

5

혼돈, 마술, 유머…… 도발!

Une culture de la rupture

❖

　과거를 깡그리 백지화해서 성공한 혁명은 없다고 감히 말하고 싶다. 오히려 새로운 것의 등장은 과거의 산물인 현재의 충만함 속에서 가능해진다. 정치, 과학, 예술도 마찬가지이다. 요리 역시 이 필연성에서 벗어날 수 없다. 이것이 바로 혁명적 창조자 페란 아드리아가 강조하는 바이다. 앞에서 보았듯이, 그에게는 모든 것이 에스코피에의 세계, 《엘 프락티코》에 입문하면서 시작됐다. 그는 수천 가지의 레시피를 속속들이 암기하면서 전통 수호의 신성한 원칙을 배웠다. 에스코피에는 완벽한 레시피들의 일체가 존재하며 모든 혁신은 그것의 왜곡일 수밖에 없다고 보았다. 연극, 회화, 음악뿐 아니라 과학과 정치의 역사가 증명하듯, 미래 창조의 기반은 이런 공식적이고 경직된 고전주의에서 출발하는 경우가 많다. 20세기 초 궁정 요리를 선보였던 에스코피에 역시 무에서 출발한 게 아니었다. 그는 프랑스 혁명 후에 처음으로 '셰프'chef라는 호칭으로 불리며 프랑스 밖에까지 명성이 자자했던 마리-앙투안 카렘의 유산을 물려받았다. 그가 러시아식 서빙을 최초로 도입했다는 설도 있다. 팔라디오의 건축을 사랑했던 이 파티시에는 건축적으로 구성된 시각적 즐거움으로 음식의 맛을 더했고 탈레랑의 영향으로 계절 재료를 이용해 혁신적인 식사를 만들어 내기 시작했다. 그는 나폴레옹과 탈레랑을 위해 요리했고, 영국 국왕, 러시아 차르, 오스트리아 황제의 요리사로 일했다. 요리사의 왕, 왕의 요리사라는 별명을 얻게 된 것도 무리가 아니었다. 이 레시피들은 카렘의 제자 구페에 의해 책으로 나왔다. 조리 시간과 온도, 재료의 양과 서빙 방식까지 기록된 귀중한 자료이다.
　에스코피에는 19세기 파리를 세계 요리의 중심지로 만든 카렘의 요리를 자기 것으로 만들었다. 이를테면 '에피쿠로스의 디너'▪로 불린 메뉴들을 개발하여 프랑스 요리의 입지를 확고히 하는 데 기여했다. 그는 여러 나라를 돌아다니며 요리 관련 행사에 참여했고 여러 권의 책을 집필했다. 그중에서도 페란 아드리아가 진로를 정하는 데 결정적 역할을 한 그 유명한 책 《요리 가이드 Guide culinaire》를 빼놓을 수 없다. 이 책의 서문에는 다음과 같은 구절이 나온다.

"요리는 여전히 하나의 기술art이면서 동시에 과학이 될 것이다. 너무도 자주 경험적인 것에 머무르는 조리법들은 이제 어떤 것도 우연에 맡기지 않는 정밀한 방법론에 의거하게 될 것이다. (중략) 인간의 음식 섭취 방식은 점진적으로 변화해 갈 것이다. 우리의 후손들은 여전히 같은 양의 영양소들을 필요로 할 테지만, 그들은 사용이 불가능하고 비활성적인 부분이 상당히 제거된 식재료들을 찾아내야 할 것이다." 에스코피에는 이처럼 완벽하다고 가정된 유산을 체계화하는 동시에 새로운 발명을 위한 상상의 가능성을 열어 두었다. 그 발명은 전통이 영원하다는 환상을 파괴할 수도 있을 터였다. 페란 아드리아는 당시 이 구절이 누벨 퀴진의 혁신과 급진적 창조 작업과 관련하여 어떤 의미를 갖게 될지 꿈에도 몰랐을 것이다. 그는 고전주의의 유산을 통해 모든 것을 배우고, 실험하고, 그대로 따르거나, 비슷하게 흉내 냈다. 조형미술을 공부하는 학생이 박물관에 가서 거장의 작품을 반복적으로 모사하면서 그 거장을 뛰어넘을 날을 꿈꾸는 것과 마찬가지였다.

프랑스 요리는 이제 하나의 소중한 공동 재산, 모든 요리의 기초, 요리사 지망생들이 최고의 레스토랑에서 일하고 싶다면 반드시 배워야 하는 레시피 전체를 의미하게 되었다. 페란 아드리아는 어린 시절 맛보던 타파스에서 '그랑드 퀴진'grande cuisine의 대명사나 다름없는 이 아카데믹한 요리법들로 발전해 나갔다. 《엘 프락티코》의 모방에서 엘불리의

■ 이 디너는 그 규모가 엄청났다. 한 예로, 1914년 6월 전 세계 147개 도시에서 동시에 1만 명의 손님들에게 서빙 된 적도 있다.

철학으로 발전해 가는 길목에는 당연히 조르주 블랑, 피크 등의 레스토랑에서 경험한 연수생 생활, 유럽의 유명 레스토랑 순례, 자크 막시맹의 말에서 얻은 영감 등이 있었다. 그는 이 경험들을 통해 프랑스가 세계 요리의 정상을 계속해서 지켜 나가는 데 기여한 누벨 퀴진의 유산을 발견한 것이다.

이 누벨 퀴진이라는 말이 무엇을 지칭하는지 간단히 살펴보자. 이 표현은 앙리 고와 크리스티앙 미요가 1973년 자신들의 이름을 딴 가이드북 〈고미요〉에서 처음 사용했다. 그들이 누벨 퀴진을 발명한 것은 아니다. 그들은 당시 일부 요리사들에게서 공통적으로 발견되는 요소들을 소위 '십계명'으로 체계화했을 뿐이다. 당시 이 십계명은 큰 반향을 불러일으켰다. 이미 존재하던 프로세스는 겉으로 표명되는 순간 의식적인 프로세스가 되며, 지식을 확장하고 자부심을 키우고 영향력을 확대할 수 있게 된다. 그로부터 10년 후에 페란 아드리아는 누벨 퀴진의 세계를 접하게 되었다.

누벨 퀴진은 재료의 원래 맛을 보존하기 위해 조리 시간을 단축하고, 마리네이드[37]와 걸쭉한 소스 대신 즙jus을 사용한다. 그리고 최상의 제철 재료들을 사용한, 건강에 유익하고 소화가 잘 되는 방식으로 조리된 가볍고 미학적이며 단순한 요리들을 선호한다. 또한 누구나 아는 기술로 만든 요리는 배제되며 최상의 맛을 낼 자신이 있을 때만 전통 요리를 선보이는 등 모든 면에서 창조성을 최상의 덕목으로 삼는다. 전통 요리법에 극단적으로 대치되는 이 원칙들은 이미 존재하는 것들을 모방만 하는 태도에 대한 전쟁 선포나 다름없었다. 물론 과거와 단절하고자 하는 모든 운동이 그러하듯 세간에서 이런저런 말들도 많았지만 그것이 추구하는 자유와 혁명적 창조성을 고갈시키지는 못했다. 그 결과 약 백

---

37 marinade: 고기, 생선 따위를 절이는 소스.

여 명의 셰프들이 소위 누벨 퀴진의 대열에 합류했고, 〈고미요〉로부터 최고점을 받았을 뿐 아니라 미슐랭 스타를 획득했다. 이들 중 최고 정상에 페란 아드리아가 존경해 마지않는 알랭 샤펠과 미셸 게라르가 있었고, 훗날 엘불리를 세상에 알리는 데 결정적인 기여를 한 조엘 로뷔숑도 있었다.

지라르데, 트루아그로 형제, 브라스, 막시맹, 갸네르, 상드랑, 베이라, 뢸랭제, 블랑, 므노, 루아조, 해벌린 부자, 뒤에르, 뒤카스 등 수많은 유럽의 유명 셰프들이 누벨 퀴진을 추구했다. 이들의 요리 속에서 바다와 육지, 고기와 생선이 새롭게 결합되었고, 과일과 채소, 향신료 등은 이전과 다른 방식으로 사용되었다. 그러나 세상에 무에서 창조되는 것은 아무것도 없다는 사실을 잘 아는 이들은 레스토랑 '피라미드'Pyra-mide에서 수많은 창조적 작업을 시도했던 페르낭 푸앵에 많은 빚을 지고 있음을 기꺼이 인정한다. 페란 아드리아는 누벨 퀴진을 알게 된 후 이와 관련된 모든 책들을 닥치는 대로 구해 읽었다. 이 책들은 훗날 그가 자신만의 스타일을 창조하는 데 밑거름이 되었다. 그가 나중에 이 '새로운 퀴진'과 거리를 두려고 한 이유는 오직 하나였다. 새로움을 더욱 멀리까지 밀어붙임으로써 그것에 경의를 표하기 위해서였다. 페란 아드리아는 스승들의 창조적 작업에 대한 자신만의 버전을 창조함으로써 그들에 대한 오마주를 표현했던 것이다. 한편, 뒤카스, 로뷔숑, 루아조 같은 이들이 1990년대 공개적으로 누벨 퀴진을 비판하고 나선 것은 프랑스산 재료를 사용한 프랑스 전통 요리로 되돌아가자는 취지에서였다. 그런 생각은 "우리 역사, 우리 지역들"이라는 말에 잘 드러난다. 게라르, 베이라, 상드랑은 이들의 보수적인 의고주의를 비판했다. 페란 아드리아는 이런 논란에서 멀찍이 떨어져 있었다. 당시 그는 훗날 자신의 요리를 재발명하고 세계 정상의 창조적 대가의 반열에 올려놓게 될 원칙들을 정초하는 데 여념이 없었다.

혼돈, 마술, 유머…… 도발!

잣 메렝게와 레몬 소르베 *Merengue de piñones con sorbete de limón, 2003.*

2005년 마드리드에서 개최된 요리 행사에서 페란 아드리아는 이 누벨 퀴진의 유산이 자신에게 어떤 영향을 미쳤는지 명확히 밝히고자 애썼다.

페란 아드리아는 여러 가지 측면에서 누벨 퀴진의 직접적 계승자이다. 최상의 재료를 사용하고(가격이 기준은 아니다), 혁신을 하되 근거 없는 시도나 재료의 근본적인 풍미를 변질시키는 방식을 자제하며, 무거운 소스를 사용하지 않는다는 원칙들을 보면 알 수 있다. 한편, 페란 아드리아가 누벨 퀴진과 구별되는 지점들도 여럿 있었다. 그중 첫 번째 원칙은 다음과 같은 말로 표현됐다. "요리는 조화, 창조, 행복, 아름다움, 시, 혼돈, 마술, 유머, 도발, 문화 등을 매개하는 언어이다."▪ 여기에 무슨 말을 더 덧붙이겠는가. 다음 장에서 우리는 이 각각의 차원들이 어떻게 결합되는지, 어떤 예술적 의미를 갖는지를 살펴볼 것이다.

이외에도 새로운 원칙들이 이 전례 없는 요리 프로젝트를 통해 제시됐다. 이를테면 페란 아드리아는 '개념적 · 기술적 연구'를 내세웠다. 과거 누구도 시도하지 않았던 일이다. 그가 고안한 체계적인 방법론에 관해서는 7장에서 다시 언급할 것이다. 페란 아드리아는 피상적인 측면들을 모두 제거하고 진정한 '성찰'에서 비롯되는 것만 취함으로써 혁신의 개념을 한정했다. 그리고 온도와 텍스처의 차이를 즐기는 놀이의 중요성을 강조했다. 더욱 놀랍게도 그는 과학자들, 식품업계 전문가들과 협력하여 조리 과정에 대한 지식을 확장하자고 촉구했다. 또한 다양한 문화 분야 전문가들과 교류함으로써 지식뿐 아니라 창조의 가능성을 확장할 수 있다고 보았다.

'성찰', '지식' 같은 단어들은 지금까지 예술적 창조보다는 주로 합리적 지식, 기술적 노하우 등과 관련하여 사용되는 게 일반적이었다. 그러

▪ Manfred Weber-Lamberdiere, 《Le magicien d'elBulli》, Payot, 2009, 168쪽. [만프레드 베버-람베르디에르 저, 이수호 역, 《미각혁명가 페란 아드리아》, 들녘, 2008, 166쪽.]

굴 크림과 솔 젤리를 곁들인 구운 굴 요리와 서양지치 싹
Ostras a la plancha con gelatina de pino,
crema de ostra y germinado de borraja, 2005.

나 앞에서 보았듯이 헤겔뿐 아니라 칸트 역시 이 미학적 즐거움과 (비개념적) 지식 사이의 깊은 연관을 이론화했으며, 나는 이를 요리가 예술로 인정받을 수 있는가를 결정하는 다섯 개 기준 중 하나로 삼았다. 페란 아드리아는 바로 이 문제를 스스로의 방식으로 현실화하고 사유하고 이론화했다. 페란 아드리아는 요리가 전통적인 요리에서처럼 미각에만 호소해서는 안 된다고 보았으며, 누벨 퀴진에서처럼 시각적 요소를 덧붙이거나 다른 세 가지 감각을 동원하는 것만으로는 부족하다고 보았다. 그는 요리가 어떤 방식으로든 사유와 오성, 정신에 호소해야 한다고 믿었다.

이 마지막 원칙이 가장 중요하다. 내가 1장에서 제시한 기준들 중 두 가지와 연관되어 있기 때문이다. 요리는 이 원칙을 통해 칸트가 말한 오성의 확장을 가져올 수 있을까? 그리고 물질적 섭취의 무매개성immédiateté을 뛰어넘어 새로운 의미에서 재현의 기쁨으로 화할 수 있을까? 이날 페란 아드리아는 메뉴판을 없애고 손님들에게 메뉴 선택권을 주지 않았으며 정해진 순서로 요리를 내오는 독특한 방식을 원칙으로 제시했다. 이 역시 앞서 언급한 원칙들과 모종의 관계를 맺고 있지 않을까? 페란 아드리아가 제시한 원칙들과 그의 행보 속에 요리를 순수한 의미의 예술적 창조로 만드는 데 필요한 가능조건들, 이를테면 일종의 '맛보는 능력 비판'의 요소들이라 할 만한 것들이 숨어 있지 않을까?

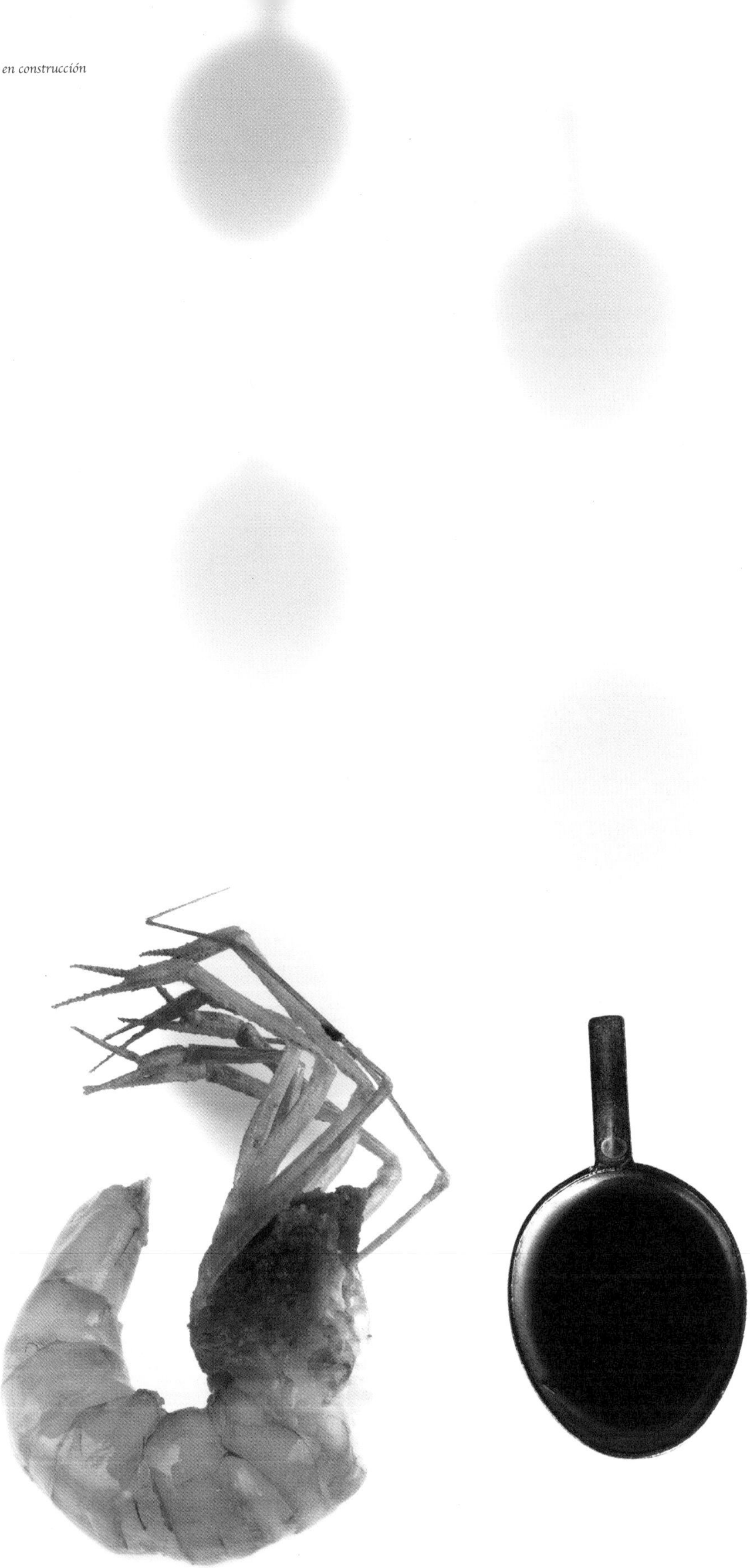

6

맛보는 능력 비판

———

Une critique de la faculté de goûter

❖

요리를 예술로 간주하기 위해 필요한 기준들 중에서 페란 아드리아는 확실히 두 가지 기준을 만족시킨다. 첫째, 그는 프랑스 요리의 공통적인 기술적, 전통적 유산으로부터 새로움을 만들어 내는 데 있어 전례 없는 능력을 보여 주었다. 페란 아드리아의 행보는 모방과 자기화로부터 순수한 '독창성'으로 발전하는 과정을 선명하게 보여 주었다. 아드리아 스타일은 다른 스타일들과의 차이différence뿐만 아니라 차연(자크 데리다의 개념)différance 38에 의해 규정된다. 차연이란 차이를 하나의 정체성으로 고정시키는 것을 거부하고 끊임없이 다른 자신을 추구하는 능력이다. 페란 아드리아의 스타일은 사르트르식으로 말하면, 자신과의 차이를 통해서만 자기 자신으로 존재할 수 있다는 말로 정의할 수 있을 것이다. 손님들이 매년 엘불리에서 느끼는 새로움의 원천은 그 누구도 아닌 페란 아드리아 자신뿐이다. 다른 이들을 모방하지 않기 위해 페란 아드리아는 우선 자신에 대한 모방을 그만 두었고, 인기를 끄는 메뉴를 다시 서빙하지 않았다. 이런 의미로 보면, 요리가 처음으로 '독창성의 기준'을 만족시킨 셈이다. 엘불리가 유명해진 것은 이곳에서 서빙된 몇 가지 전설적인 요리들 때문이 아니라, 반대로 예전에 제공됐던 모든 요리들을 다시 서빙하지 않는다는 원칙 때문이다.

페란 아드리아익 요리가 만족시킨 또 하나의 기준은 더 나은 이름이 없어 그냥 '엘리아스와 베커의 기준'이라고 내가 명명했던 그 기준이다. 페란 아드리아를 중심으로 요리 업계에 하나의 세계가 출현했기 때문이다. 이곳에서 사람들은 페란 아드리아를 찬양하거나 그와 자신을 차별

---

38 데리다는 프랑스어 différence프롱의 어미 '-ence'를 '-ance'로 바꾸어서 différance프롱라는 신조어를 만들었다. '다르다'라는 의미와 '연기하다'라는 의미를 동시에 지닌 différer라는 동사를 변형해서 만들었다는 것을 보여 주기 위해서였다.

화한다. 혹은 전 세계에 그가 미친 영향력을 다양한 방식으로 자신의 것으로 만들기도 한다. 창조의 영역에서는 항상 그렇듯이 단지 겉핥기식의 모방만 일삼는 이들이 있는가 하면 새로운 영감의 원천으로 삼아 자신만의 새로움을 다시 창조해 내는 이들도 있다. 끊임없이 자기 자신을 극복하려고 노력하는 페란 아드리아는 항상 이 두 번째 유형의 태도를 권장했으며 "페란 아드리아식의 요리를 한다"고 떠벌리고 다니는 이들에게 불쾌감을 표시했다. 실제로 파리 등지에는 이런 레스토랑들이 많다. 엘불리의 철학이 실제로 어떤 것인지를 이해하는 데 전혀 도움이 안 되는 곳들이다. 어쨌든 이 '예술계'의 규모는 엄청난 속도로 확장되었다. 페란 아드리아는 처음에는 이 세계 전체를 자기 것으로 삼았지만 곧 과거에 대한 어떤 향수에도 굴하지 않고 이 세계를 탈출했다. 페란 아드리아에게 다음 두 가지 사실은 결국 같은 것이다. 우선 우리는 그가 이 세계에 진 빚과 그것에 감사하는 마음을 고려하지 않고는 이 세계와 단절함으로써 획득한 독창성을 이해할 수 없다. 그러나 그가 뛰어넘은 거장들이 이번에는 그를 거장으로 인정했다는 사실은 그가 여전히 이 세계에 뿌리를 내리고 있다는 증거가 된다. 결국 엘불리는 손님들에게 인기가 있었던 메뉴를 다시 서빙하는 것을 거부함으로써 전 세계적으로 가장 인기 있는 레스토랑이 되었다.

페란 아드리아의 요리가 만족시켜야 할 세 가지 기준이 아직 남아 있다. 세 기준을 차례로 살펴보자. 먼저, '보편성의 기준'이다. 한 작품이 아름답다고 평가받기 위해서는 감상자의 마음에 드는 것만으로는 불충분하다. 이 감상자가 느끼는 기쁨은 주관적이다. 각 주체의 취향에 의존하기 때문이다. 하나의 취향은 다른 주체의 다른 취향과 다르거나 완전히 반대의 경향을 보이기도 한다. 따라서 이 단계에 머무른다면 우리는 모든 게 동등하며 미학적 아름다움이란 존재하지 않는다는 결론을 받아들여야 할 것이다. 그럴 경우 로시니의 오페라와 최초의 상업적

가요들, 엘불리와 맥도날드, 세잔의 작품과 아마추어 화가가 대충 그린 그림, 윌리 로니스의 사진 작품과 내가 찍은 바캉스 사진 사이에 우열을 평가하는 게 불가능해진다. 여기에 머물러 버리면 우리는 예술사 전체를 무시하는 셈이며, 모차르트, 세잔, 프루스트, 미로 같은 예술가들이 왜 당대의 일부 사람들에게만 인정을 받다가 후대에 와서야 모든 이들의 사랑을 받게 됐는지, 우리가 세계를 느끼는 방식을 그들이 어떻게 변형시켰는지 이해할 기회를 잃게 된다. '보편성'을 획득하기 위해서는 대상을 접할 때 우리가 느끼는 쾌/불쾌의 주관적 쌍을 뛰어넘어 '기쁨의 성격을 변형함으로써 그것을 확장하는' 판단의 형식을 찾아야 한다. 이 판단-기쁨은 형태, 재현과 관련되고, 이런저런 방식으로 감각과 오성, 지성, 문화 등을 연결해 준다. 이것이 바로 아라공 혹은 가르시아 마르케스의 소설을 되풀이해서 읽고, 터너나 모네의 그림 앞에서 시간 가는 줄 모르고 서 있거나, 영화 한 편을 열 번도 넘게 다시 보고, 평생 동안 쇼팽의 콘체르토 혹은 베르디의 오페라를 듣고, 평소에는 그토록 눈물을 자제하다가 콘서트나 영화를 관람할 때는 펑펑 울게 만드는 그 무엇이다. 감각과 지각이 이를테면 느끼기-생각하기sentir-penser의 형태로 하나로 결합되어 있는 그 순간에 양자를 떼어 놓는 것은 우리가 감각적으로 재료에 깊이 사로잡혀 있는 바로 그 순간에 재료로부터 거리를 취하게 만드는 것과 같다. 그렇다면 요리에서는 어떻게 이런 일이 가능할까? 재료를 입에 넣고, 씹고, 삼키고, 소화하게끔 하는 요리는 다른 예술 장르에서처럼 기호를 통한 매개가 불가능하지 않은가? 나는 내 앞에 실제로 있었다면 별로 좋아하지 않을 얼굴을 그린 초상화를 마음에 들어 할 수도 있고, 위대한 배우의 연기 방식을 싫어할 수도 있다. 그렇다면 단어의 어원에 이미 위胃·estomac의 의미가 내포된 요리gastronomie 39에서

---

39 배, 위를 뜻하는 그리스어 gastèr와 법칙을 뜻하는 nomos가 결합된 말이다.

는 어떻게 이런 분리가 가능할까? 결국 보편성, 재현, 오성의 기준은 극
복 불가능한 장애물인 것일까? 그럴지도 모른다. 어쩌면 페란 아드리아
는 이 장애물을 뛰어넘으려고 시도한 첫 번째 요리사인지도 모른다. 그
게 사실이라면, 그는 요리를 '예술'로 만듦으로써 요리의 역사에 새 장을
연 인물이 된다. 이 가정이 맞는지 살펴보자.

　　요리와 관련된 기존의 논리로부터 벗어나려면 앞에서 보았듯이 우선
그 논리를 완전히 자기 것으로 삼은 후에 그것을 '해체'해야 한다. 페란
아드리아가 이 작업을 '해체'déconstruction라고 이름 붙였을 때 그는 정
확히 프랑스 철학자 자크 데리다의 개념을 사용한 것이다. 이 개념에
대해서는 매우 풍부하고 복잡한 설명들이 존재하지만 자크 데리다는
2004년 직접 그것의 기본 논리를 요약해서 설명한 바 있다.▪ "이 '해체'
라는 말은 제거한다, 파괴한다의 의미보다는 담화의 요소를 만들어 내
는 중첩된 구조들을 분석한다는 의미로 읽어야 한다. (중략) 우리는 그
구조 속에서 생각한다. 언어, 서구 문화, 철학사 속에 우리의 위치를 부
여해 주는 모든 것이 그 구조를 이룬다." 그리고 덧붙이기를, "나는 '해
체'라는 말을 포기하지 않았다. 해체는 우리가 속해 있는 그 철학사로
부터 벗어나려고 하기보다 그것을 기억하고, 추억하고, 그것과 재접속
할 필요성을 제기하기 때문이다." 벗어나지 않고 분석하는 것, 망각하
지 않고 극복하는 것이다. 물론 데리다와 페란 아드리아의 철학적 유사
성을 과장할 필요는 없지만 둘 사이에 존재하는 지적인 친화성을 부정
할 수는 없다. 데리다가 언어 구조의 일의성一意性을 주장하는 구조주의
이론을 논박하기 위해 담화의 형식을 해체하고 복수적인 의미가 가능한
창조적 공간을 열었다면, 아드리아는 서구 요리의 모든 형태들을 해체
함으로써 그것의 영원불변에 대한 믿음을 뛰어넘었으며, 그 극복을 가

▪ 〈르몽드〉, 2004년 10월 12일자.

(왼쪽부터 시계 방향으로)
카르보나라 탈리아텔레 *Tagliatelle de consomé a la carbonara, 1999.*
2m 파마산 스파게티 *2m de spaghetto de parmesano, 2003.*
파에야 켈로그 *Kellogg's de paella, 2001.*

리소토 *Risotto, 2001.*

능케 해준 전통적인 형태들을 '망각하고, 파괴하고, 버리지' 않고도 무한한 창조가 가능한 세계를 열었다. 페란 아드리아는 그에게 '해체'라는 말이 무엇을 의미하는지 명확히 밝혔다.▪ 해체는 기존의 요리를 새로운 스타일로 변형하는 작업뿐만 아니라 본래의 맛을 더욱 강화하면서 외양을 변형하거나 기준이 되는 요리로부터 형태와 텍스처를 분리해 내는 작업을 모두 포함한다. 손님은 우선 음식의 외양에 깜박 속아 넘어간다. 그런 후에 음식의 이름 속에 암시된 영감의 원천을 찾아내게 될 것이다. 손님들은 이 발견을 통해 일종의 게임에 참여하는 셈이다. 놀라움과 즐거움, 때때로 터져 나오는 웃음이 감각과 감정, 성찰 속에서의 왕복운동을 통해 우리가 평소 음식과 맺고 있던 관계를 변형시킨다. 이런 의미에서 '해체'라는 개념은 페란 아드리아의 요리가 지닌 예술적 차원의 중심을 이룬다고 할 수 있다. 함께 식사를 하는 동반자들끼리, 테이블과 테이블 사이에서, 레스토랑 홀 전체에서 공모자의 웃음이 확산되고 대화가 오가기 시작한다. 손님들은 여행을 떠나 모험을 즐긴다. 새로운 접시가 도착할 때마다 사람들은 점점 강도 높은 경험을 하게 된다. 레스토랑보다는 콘서트홀 혹은 극장 같은 곳에서 할 법한 경험이다. 그런 의미에서 엘불리는 더 이상 '레스토랑'이 아니다.

예를 들면, 카르보나라 탈리아텔레가 서빙 되었는데 실은 트뤼프 오일, 파마산, 햄을 곁들인 고기 젤리였다는 식이다(1999년). 스파게티가 나왔는데 실은 길이가 2미터에 달하는 파마산인 경우도 있었다(2003년). 뻥튀기한 쌀로 만든 파에야가 나온 적도 있다('켈로그 파에야', 2001년), 쌀 대신 파마산, 사프란을 곁들인 콩으로 만든 리소토도 있었다(2001년). 어찌 웃지 않을 수 있겠는가. 1996년의 가스파초, 궁중 산토

▪ 페란 아드리아, 홀리 솔레르, 알베르 아드리아 공저, 《엘불리에서 보낸 하루Une Journée à elBulli》, intercalaire, 240쪽.

끼 요리에 대한 해체 작업도 빼놓을 수 없다. 매번의 시도에서 기준 요리의 맛은 최고 수준까지 끌어올려졌다. 이 요리를 맛보는 손님들은 오감五感, 기억들, 놀라움과 웃음 사이를 오고 가며 기쁨을 느꼈다. 이를테면 하나의 느낌-생각senti-pensé 같은 것이었다.

페란 아드리아는 텍스처와 관련된 놀이를 통해 극단적인 미니멀리즘 역시 놀라움을 창조할 수 있다는 사실을 보여 주었다. 1996년에 나왔던 다양한 텍스처의 토마토가 그 대표적인 예다. 따지고 보면 접시 위에 놓인 건 토마토가 전부였다. 그러나 그 각각의 토마토는 그것이 얼린 상태인지, 거품인지, 소르베인지 혹은 그라니테인지에 따라 우리에게 전혀 다른 형태의 미각을 요구한다. 우리는 모두 같은 맛임에도 각각의 경우에서 느끼는 즐거움이 왜 달라지는지 묻지 않을 수 없게 된다.

요리를 떠나 예술의 세계로 진입하려는 페란 아드리아의 욕망을 가장 극명하게 보여 주는 것은 바로 요리의 '비물질화'dématérialisation이다. 영양 섭취 행위가 정신적 삶과 가장 동떨어진 경험으로 간주되는 것은 영양 섭취의 대상과 우리 몸 사이에 어떤 매개도 개입하지 않기 때문이다. 이 물질적인 직접성 때문에, 칸트와 헤겔식으로 말하면 대상에 대한 이해관계와 욕망의 관계를 구분할 수 없게 된다. 시각, 청각, 후각의 경우 감각과 감각 대상 사이에 모든 종류의 표상적인 매개가 들어설 자리가 있다. 그러나 촉각에서는 이것이 불가능하다. 맛은 촉각을 전제로 한다. 모든 예술은 시각, 청각, 후각(향수의 예술이라는 말이 성립한다면)을 우리의 문화적, 지적 능력에 호소하는 재현의 형식과 결합시킨다. 대상 자체와 물질적 접촉이 불가피한 요리의 경우에는 이것이 완전히 불가능해 보인다. 50만 년 전 불을 통해 영양 섭취 대상의 변형이 가능해진 때부터 지금까지 모든 요리법들이 대표하는 엄청난 문화적 유산을 감안하더라도 그렇다. 우리의 직계 조상 호모 사피엔스 사피엔스가 출현하기 훨씬 전부터 이미 일종의 요리 미학이 존재했다. 장신구, 의복, 화장,

그릇, 무기, 집, 종교적 숭배 대상 등에 미학이 존재했던 것과 마찬가지이다. 이런 대상들의 미학은 칸트의 용어를 빌리면 '부수미'附隨美·pulchri-túdo adhärens에 해당된다. 매우 높은 수준의 미학적 형태를 띠고 있지만 실생활에 사용되는 도구들로부터 분리될 수 없기 때문이다. 기술공예 arts et métiers라는 말 속에 포함된 'art'가 실용적 기술의 의미라면, 문예 arts et lettres라는 말 속의 'art'는 실용과 무관한 미의 창조를 가리킨다. 그럼에도 양쪽을 모두 'art'라는 단어로 지칭하는 것은 양자 사이에 공통점이 존재하기 때문이다. 한편, 지구상의 일부 지역에서는 후자의 'art'가 독자적인 영역으로 분리되었다. 수만 년 전부터 요리가 첫 번째 의미의 'art'로 존재했다는 사실을 부인할 사람은 아무도 없을 것이다. 그러나 요리가 두 번째 의미의 'art'가 되기 위해서는 물질적 직접성으로부터 자유로워질 필요가 있었다. 바로 이 '비물질화'가 해체 작업과 텍스처 놀이가 만들어 내는 효과들을 확장하고 강화해 주는 역할을 수행한다.

1996년의 캐러멜 메추라기알이 좋은 예이다. 그중 하나를 집어서 입에 넣어 깨물면 처음엔 살짝 저항이 느껴지다가 이내 금이 가면서 갑자기 어떤 맛이 퍼져 나와 캐러멜 맛과 하나가 된다. 그런 후에 그 맛이 입속 전체로 퍼졌다가 아쉽게도 금세 사라져 버린다. 2005년의 올리브 스페리코 역시 비슷한 느낌을 선사했다. 올리브 모양을 가장하기 위해 씌운 얇은 막이 녹자마자 강렬한 맛의 녹색 올리브 즙이 입 속으로 분출되었다가 사라지면서 그 뒤로 마치 올리브의 본질 자체를 맛본 듯한 비물질적 감정을 남긴다. 이 비물질화 작업이 가장 최상의 효과를 거둔 것은 2001년이었다. 고기 콩소메[40]와 오리 푸아그라라는 이름의 요리가 나왔을 때 우리는 기름지고 무거운 음식을 상상했다. 그러나 비스듬하

---

40 consommé: 맑은 수프.

오리 푸아그라 키노아 *Quinoa helada de foie-gras de pato con consomé, 2001.*

게 기운 접시 위에는 정체를 알 수 없는 가루가 담긴 국자가 놓여 있을 뿐이었다. 따뜻한 콩소메를 한 숟가락 뜬 후 그 가루를 넣어 한입에 먹어야 했다. 그 가루의 정체는 저온에서 가공된 푸아그라였다. 2003년부터 사용하기 시작한 액화질소가 내는 효과와는 또 달랐다. 파고젯이라는 고장 난 소르베 제조 기계가 하나 있었는데 무언가를 넣으면 죄다 얼린 가루로 만들어 버리는 것을 본 페란 아드리아가 푸아그라를 가루로 만드는 데 사용한 것이다. 이 가루는 액체를 만나면 순식간에 녹아 버리는 성질을 띠었다. 덕분에 입 속에 아무것도 남지 않은 상태에서도 물질성과 텍스처가 제거된 푸아그라의 강렬한 맛이 맴돌 수 있었던 것이다.

이처럼 우리의 정신에 직접 호소하는 에어 무스(에스푸마) 말고도 물질성을 제거하는 방법이 존재한다. 페란 아드리아는 매우 다양한 방식을 통해 재료를 순간적으로 등장시켰다 사라지게 함으로써 감동을 자아냈다. 우리가 회화나 음악을 감상할 때 느끼는 것과 크게 다르지 않은 이 감동은 우리 존재의 가장 깊숙한 곳까지 영향을 미친다. 이런 감동은 일종의 '텍스처의 전이'transfert de texture를 통해서도 얻어질 수 있다. 푸아그라를 대상으로 여러 번에 걸쳐 진행됐던 시도들이 그 예이다. 예를 들면 1999년에는 캐러멜 플랑의 형태로, 1995년에는 바삭한 그물 버섯과 유칼립투스 젤리를 곁들인 형태로 서빙 되었다. 버섯과 젤리와 함께 푸아그라를 먹으면 본래의 텍스처가 느껴지지 않는다. 혹은 살짝 바질 향이 첨가된 이집트콩 즙 위에 바삭하고 밋밋한 맛의 일본산 버섯과 푸아그라 한 조각을 내놓은 경우도 있었다. 푸아그라를 입 속에 넣고 씹으면 그 텍스처가 변하는 듯한 완벽한 환상에 사로잡히게 된다. 그 경험 속에서 우리는 푸아그라의 전혀 새로운 면을 발견한다. 이렇게 페란 아드리아는 동일한 재료를 사용하면서도 평소의 물질성 때문에 우리가 풍부하게 느끼지 못하는 감각을 창조하는 데 성공했다.

페란 아드리아의 일루셔니즘illusionnisme은 우리 몸과 우리가 먹는 대

오리 푸아그라 플랑 캐러멜 *flan de foie-gras de pato al caramelo, 1999.*

상의 무매개적 관계에 균열을 내는 기능을 수행한다. 한없이 긴 스파게
티를 먹고 나서 그것이 사실은 파르마산 치즈로 만들어졌다는 것을 알
았을 때의 그 기분을 묘사한다는 것은 거의 불가능하다(2003년). 탈리
아텔레를 육즙으로 만들었다는 사실을 알았을 때(1999년), 누구나 아
는 유명 상표가 찍힌 용기에 멜론 즙으로 가득 찬 캐비아가 담겨 나올
때(2003년), 금실로 만든 예쁜 반지를 입에 넣는 순간 입 안에서 녹은 캐
러멜의 꿀 향이 가득 퍼질 때(2005년)의 기분을 어떻게 묘사해야 할까.
갑자기 일루션의 진상이 밝혀지고 맛과 질감을 발견하는 기쁨에 놀라
움과 감탄이 덧붙여진다. 그 순간 자연스럽게 사람들은 자신이 지금 경
험하고 있는 것에 대해 생각하게 되고 옆 사람과 대화하면서 서로의 감
정을 공유한다. 그리고 웃는다. 지금까지 엘불리만큼 손님들이 자주 웃
는 레스토랑은 본 적이 없다.

뻥튀기한 곡물로 만든 파에야 켈로그(2001년) 혹은 쌀 대신 콩으로

오리 푸아그라, 유칼립투스 젤리 *Foie-gras caliente de pato con uvas al eucalipto, 1995.*

만든 리소토(2001년)가 나오면 테이블 사이로 공모감과 감탄이 섞인 웃음이 전염되며 퍼진다. 2008년 페란 아드리아가 우리 테이블에만 실험적인 요리를 선보였을 때에도 바로 그 웃음이 터져 나왔다. 무 가루가 들어간 성게 쿠스쿠스였다. 파르마산 치즈로 만든 아이스크림, 야채로 만든 막대사탕을 보고 어찌 심각한 표정을 짓고 앉아 있을 수 있겠는가? 페란 아드리아의 활기 찬 표정 속에 숨어 있는 이 유머는 그저 유머로만 끝나지 않는다. 아리스토텔레스가 이미 말한 대로 그의 유머는 놀라움과 결합되면서 지식과 성찰을 자아낸다. 두 눈과 미각 사이의 갑작스러운 어긋남에 의해 우리는 의문을 품고 기존과 다른 방식으로 맛을 보며 자신의 내면 깊숙이까지 내려간다. 무의식적으로 음식을 삼키는 대신 집중력을 가지고 요리를 인식하는 것이다. 이처럼 외부로부터 온 음식 덕분에 가능해진 내면으로의 여행은 우리에게 새로운 종류의 기쁨을 선사한다. 페란 아드리아의 요리는 바로 우리의 지성에 호소한다.

2001년 '세계 여행'이라는 제목이 붙은 세 개의 스푼에 담긴 요리가 나왔다. 그중 한 스푼은 콩 젤리, 와사비, 김을 곁들인 대구, 붉은 생강, 깨와 함께 우리를 일본으로 안내한다. 코코넛 크림, 진저 오일, 바질, 베르베나, 타마린드, 커리가 담긴 두 번째 스푼은 태국편이다. 마지막 스푼에는 멕시코의 모든 것이 담겨 있다. 옥수수 크림, 칠리 오일에 고수가 곁들여졌다. 몇 가지 맛 속에 세 나라의 모든 것을 담아 낸 이 여행을 감동 없이 경험하는 건 불가능하다. 1996년에는 앞서 언급했던, 열두 가지 향신료로 눈금을 새긴 파란 사과 젤리 시계가 나왔다. 열두 가지 즐거움에 대한 열두 개의 질문을 차례로 던지면서 우리는 점점 고조되는 강렬함을 맛볼 수 있었다. 1999년 맛본, 컵에 담겨져 나온 수프도 잊을 수 없다. 첫 한 모금에서는 뜨거운 완두콩 수프 맛이 나다가 거듭해서 마실수록 점점 시원해지면서 마침내 얼음처럼 찬 민트 주스가 되었다. 맛과 온도가 뒤바뀌는 요리를 접하는 순간 놀라움을 맛보고 그 감

세계 여행 *Viaje por el mundo, 2001.*

완두콩 민트 수프 *Sopa de guisantes, 1999.*

각적 놀라움 자체에 마음을 집중하게 된다. 페란 아드리아는 우리의 감각을 이용할 줄 아는 일루셔니스트이다. 우리가 마신 액체는 사실상 위나 아래나 동일했지만 기억 속에서 완두콩의 맛은 뜨거움으로 민트의 맛은 차가움으로 남는다. 그야말로 형이상학적 체험이라 할 만하다!

모든 종류의 해체, 비물질화, 텍스처 전이, 다양한 일탈, 놀라움, 환상, 충격, 웃음, 어긋남 등이 경험된다. 이 모든 효과들에 공통점이 있다면 끊임없는 질문, 성찰에 의한 우회, 자신으로의 회귀라고 할 수 있다. 이것들은 결코 우연의 산물이 아니다. 페란 아드리아는 요리가 아닌 감동을 대접하고 싶다고 말했다. 그는 그것이 가능하기 위해서는 무엇이 필요한지 진지하게 고민한 것이다.■ 왜 그리고 어떻게 자신의 요리에 다섯 가지 감각을 적용했는지 설명한 후에 그는 거기에 '여섯 번째 감각'sixth sense을 추가했다. '일종의 지적 만족'을 제공하는, '웃음을 자아내는', '지식에 호소하는', '어린 시절의 추억을 되살리는', '감동을 불러일으키는' 즐거움이 그것이다. 페란 아드리아는 이 여섯 번째 감각을 '영혼이 느끼는 기쁨'이라고 정의한다. 바로 이 정의에 의해 미학적 즐거움은 협의의 관능적 쾌감과 구별된다. 그는 아이러니, 놀이, 도발 등을 통해 '요리사와 손님 사이의 대화'를 시도한다고 말한다. 나는 이 모든 시도들이 최초로 영양 섭취 대상과 그것을 맛보며 즐거움을 느끼는 주체 사이를 매개하는 데 성공했다고 생각한다. 이 매개 덕분에 요리가 특정한 방식으로 재현의 세계에 진입할 수 있게 된 것이다. 이 과정 없이 그의 요리는 순수한 의미의 예술이 될 수 없었을 것이다.

여기서 칸트가 예술에 대해 한 말을 인용하지 않을 수 없다. "특정 즐거움의 보편적인 전달 가능성은 이미 그 개념 속에 단순한 감각만을 낳는 쾌락적 즐거움이 아닌 성찰의 즐거움을 내포하고 있다." 이건 어떤가? "관점이 미학적일 때 상상력은 자유로우며 오성에 풍부한 내용이 담긴 질료"를 제공해 준다.■■ 안토니 타피에스는 리스트가 쇼팽이 작곡한 곡을 듣고 다음과 같이 감탄했다고 전한다. "놀랍군요. 이 부분에는 당연히 파가 들어가야 하는데 그는 시 플랫을 썼군요." 엘불리에서 식사를 해본 사람이라면 이 반응을 이해할 것이다. 타피에스는 다음과 같이 덧붙였다. "이러한 놀라움의 요소, 즉 예기치 못한 독창성을 낳는 천재

■ 이와 관련해서는 페란 아드리아, 홀리 솔레르, 알베르 아드리아 공저, 《엘불리에서 보낸 하루》, Phaidon, 2009, 464쪽 참조.
■■ E. Kant, 《Critique de la faculté de juger》, 291~303쪽. [칸트 저, 백종현 역, 《판단력 비판》, 아카넷, 2009.]

히비스커스 꽃 *Flor de hibiscus*

적인 시도는 영원히 계속될 것이다. 바로 이것이 우리의 관점과 생각, 감정을 진정으로 변혁한다."■ 베르그송이 한 말도 그냥 지나칠 수 없다. 그는 예술과 관련하여 일종의 '비물질성'을 언급하면서 '거품', '소금기 어린 포말' 등의 이미지를 사용한다. (내가 꾸며 낸 얘기가 아니다!) 그는, "거품처럼 일어나는 것, 그것은 쾌활함이다"■■라고 말했다.

이 과정을 정의하기 위해 페란 아드리아는 '분해'décomposition라는 말을 생각해 냈다. 그러나 음식을 분해한다[41]는 말은 혼동을 불러일으키기 쉽다! 그래서 그는 자크 데리다의 '해체'déconstruction 개념을 전용한다. 이 개념은 굳이 데리다가 아니더라도 《1859년 살롱 비평》에서 샤를 보들레르가 했던 말과도 통한다. 이 글에서 보들레르는 예술적 상상력이 "모든 창작물을 분해한다décomposer. 영혼의 가장 깊숙한 곳에 그 근원이 숨겨져 있는 규칙에 의해 구축되고 배열된 재료들과 함께 그 상상력은 새로운 세계를 창조하고, 새로움의 감각을 생산한다"고 했다. 예술에 대한 보들레르의 생각과 페란 아드리아의 작업이 여러 측면에서 겹치는 것은 결코 우연의 일치가 아니다. 왜냐하면 페란 아드리아의 요리 속에서 순수한 예술적 차원이 출현했기 때문이다. 이는 이 분야에서 전례가 없는 일이었다. 그것을 설명할 수 있는 말을 찾다가 그는 다른 영역의 예술가들이 이미 사용했던 개념들을 빌려 쓴 것일 뿐이다.

이상이 페란 아드리아의 예술을 독창적으로 만드는 것들에 대한 간략한 설명이 될 수 있을 것이다. 이런 설명은 페란 아드리아의 요리에 대해 과장 섞인 소문만 접하거나, 한때 그의 제자였다고 우쭐대는 셰프의 요리를 맛본 후에 피상적인 인상을 갖게 되었거나, 그의 요리를 '진짜' 요

---

41 décomposition은 '부패'라는 뜻도 있다.

■ A. Tàpies, 《La pratique de l'art》, Folio, 1974, 184쪽.

■■ H. Bergson, 《Le rire》, P.U.F. (1940), 4판. 1988, 152-153쪽. [베르그송 저, 이희영 역, 《웃음》, 동서문화사, 2008.]

리에 반하는 유행쯤으로 치부하던 이들에게는 당혹스러울 수도 있을 것이다. 그러나 이 당혹감 뒤에는 또 다른 당혹감이 숨어 있다. 사실상 엄청난 놀라움 없이 엘불리의 요리를 맛볼 수 있는 사람은 없다. 사람들이 훌륭한 레스토랑에 갈 때 기대하는 그런 종류의 놀라움이 아니다. 그곳에서 사람들은 다른 경험을 하고 다른 즐거움을 맛보고 다른 감정을 느낀다. 페란 아드리아는 사실 자신이 창조하는 것이 예술인지 아닌지 따위의 질문에 별 관심이 없다. 그럼에도 이 질문은 중요하며 그 답을 찾는 것이 이 책의 목적이다. 대답은 긍정적이다.

타피에스에게 바치는 오마주
'Gran creu negra', homenaje a Tàpies, 2004.

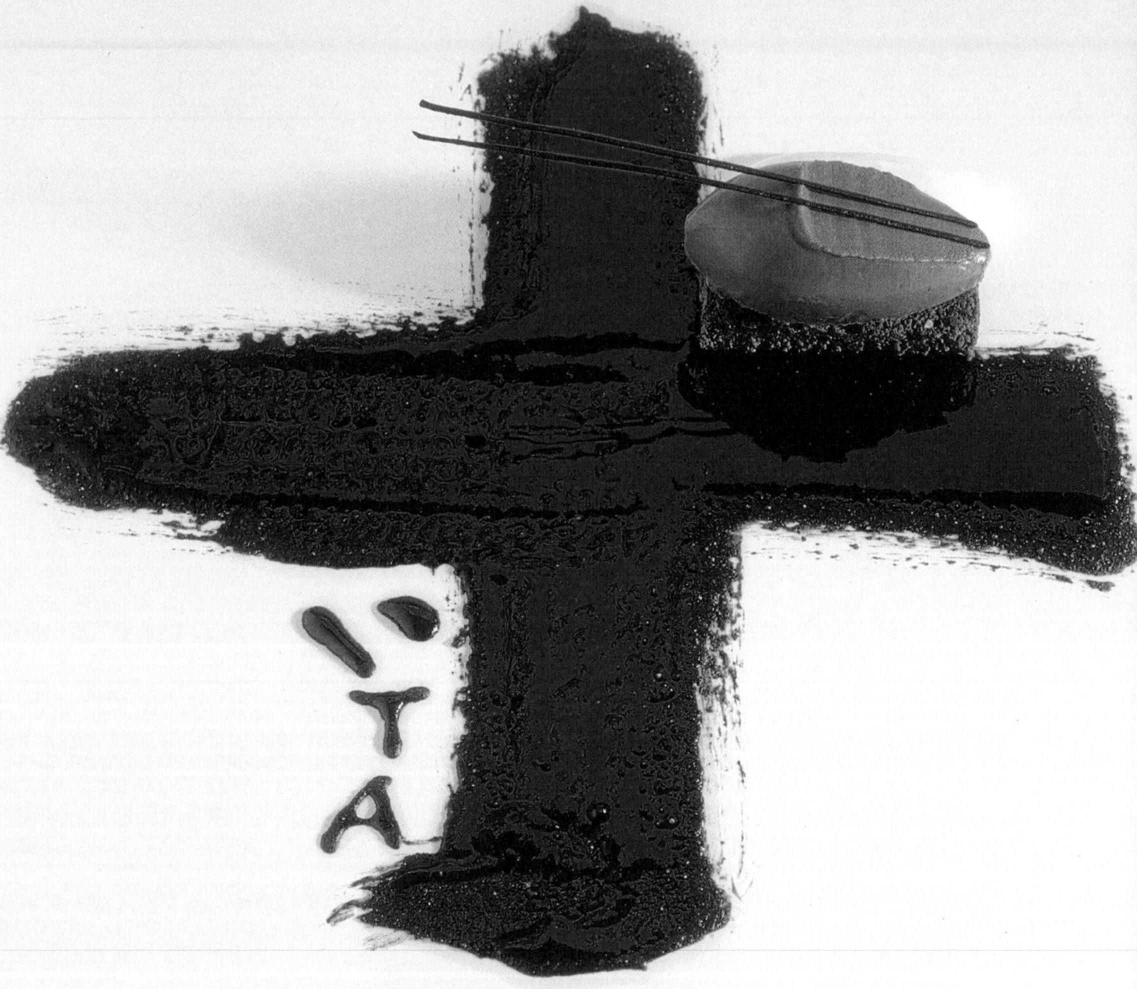

7

해체−재구성으로서의 카니발

L'un des beaux-arts?

❖

엘불리 저녁 식사 예약은 하늘의 별 따기인 데다가 전 세계적으로 페란 아드리아에 대한 논평이 너무도 많이 쏟아져 나온 터라 막상 요리에 관심이 있는 이들은 들리는 소문이나 엘불리에 다녀온 사람들이 전하는 말, 신문 기사 등에 영향을 받지 않을 도리가 없다. 개중에는 아드리아의 작품을 두고 여전히 '요리'를 논할 수 있는가라는 의문을 제기하는 이들도 있다. 적절한 질문이다. 이미 예전에 사람들은 인상파 화가들의 작품을 여전히 회화로 간주할 수 있는지에 대해 의문을 표시했다. 피카소의 작품에 대해서도 같은 질문이 제기됐다. 베르메르 혹은 반 고흐가 그림을 사 줄 사람을 찾지 못했던 것, 모차르트가 궁정을 떠돌며 불행한 삶을 이어 간 것은 당대 사람들이 원하던 그림이나 음악을 만들지 못했기 때문이다. 창조라는 말 속에는 그 정의상 이미 존재하는 것은 들어설 자리가 없다. 그러나 기존의 것과 다르다는 것만으로는 충분하지 않다. 독창성이 곧 창조성을 보장해 주지는 않는다. 창조성은 파괴된 것에 새 생명을 부여하여 오히려 예전보다 더욱 생기 있게 만든다. 피카소는 "사물을 더욱 생기 있게 만들기 위해 그것을 먹는다"■고 말한 바 있다. 그리고 다음과 같이 덧붙였다. "나는 내가 훌륭하다고 평가하는 그림들에 대립하면서 동시에 그 그림들에 결여된 것들을 포함하는 그림을 그린다."

피카소는 이를테면 마네, 고야, 라파엘, 티치아노, 들라크루아, 세잔, 그레코, 벨라스케스의 작품들을 '따라서-반하여'avec-contre(평범한 단어로는 표현할 수 없어 단어를 새로 만들었다) 그린 것이다. 피카소는 벨라스케스의 작품 〈시녀들Las Meninas〉을 수십 개 조각으로 분할한 뒤 각

■　P. Picasso, 《Écrits de 1935》, Gallimard, rmn, 1989.

145

각의 조각을 새로운 스타일로 재창조해서 전체를 재구성했다. 나는 엘불리에서 두 번째 저녁 식사를 할 때 이 작품을 떠올렸다. 바르셀로나의 피카소 미술관에서 습작들과 함께 그 작품을 관람한 지 며칠 안 되서였다. 마드리드 프라도 미술관의 커다란 전시실에서 벨라스케스의 작품을 봤을 때 느꼈던 강렬한 감동의 여운이 아직 남아 있던 때였다. 피카소가 따라서-반하여 그린 그 작품을 봤을 때 나는 우선 놀랐고, 그다음엔 즐거워하다가 결국엔 웃음을 터뜨렸다. 그 과정은 내 눈 앞에 보이는 것들에 대한 성찰로 나를 이끌었고 그 속에서 나는 강렬한 미학적 기쁨을 발견했다. 엘불리에서 열 번째 식사를 할 때도, 스무 번째 식사를 할 때도, 내가 매번 반복해서 따라갔던 그 과정과 정확히 일치했다. 요컨대 처음에는 익숙한 감동을 기대하다가 놀라움을 느끼고 웃음을 터뜨린다. 곧이어 성찰이 뒤따르고 마지막으로 기쁨을 느낀다. 그리고 나중까지, 한참 나중까지 우리는 그 기억을 간직한다. 에피쿠로스는 그런 '감정적 상기想起'réminiscence affective 덕분에 기억이 행복의 저수지가 될 수 있다고 말했다.

　여기서 피카소의 이름을 언급하는 것은 그의 작업이 "거장들의 해체-재구성으로서의 카니발"*이라는 의미에서이다. 앞 장에서 살펴보았듯이 페란 아드리아가 매우 적절하게 내세웠던 데리다의 해체 개념과도 상통한다. 양자의 유사성은 지엽적인 것에 머무르지 않는다. 여기서 좀 더 일반적인 가치를 도출할 수 있을 것이다. 이를테면, 라벨의 '왈츠'와 '스페인 랩소디'를 들을 때 우리의 감정은 같은 경로를 따라간다. 전자는 의심할 여지없이 빈 스타일의 왈츠이며 후자는 지극히 스페인적인 랩소디이다. 그러나 그것이 극단까지 표현되고 독특한 곡조 속에서 강조된다. 마치 에센스를 뽑아내려는 듯 전체를 재구성해 놓았다. 감상자는

■　Marie-Laure Bernadac, 《Picasso et les Maîtres》, rmn, 2008.

처음엔 어떤 종류의 곡인지 알아듣는다. 혹은 알아듣는다고 믿는다. 그러나 동시에 그 생각이 틀렸음을 느끼고 다시 귀 기울여 듣게 된다. 그는 이 낯설고 즐거운 경험에 대해 성찰을 시작한다. 그리고 스트라우스의 왈츠 혹은 스페인의 민속음악과 완전히 다른 명작을 발견한다. 그가 발견한 것은 바로 라벨이다. 그는 라벨을 통해 빈의 모든 왈츠, 스페인의 모든 춤곡을 다시 듣는 것이다.▪ 카니발이라는 말은 라벨에게도 해당된다. 그는 모든 것을 취하고 해체하고 재구성했다. 그는 따라서-반하여 곡을 썼다. 그 작업은 다른 이들이 그를 따라서-반하여 작곡하기 시작할 때까지 계속되었다. 하이너 뮐러는 쇼데를로 드 라클로의 《위험한 관계Les liaisons dangereuses》를 해체하여 《사중주Quartett》라는 작품으로 재구성했다. 카니발이다. 피터 셀러스는 셰익스피어의 《베니스의 상인》 무대를 1992년 폭동이 일어났던 미국 LA의 한 지역으로 옮겨 놓았다. 이 역시 카니발이다. 칼라 몬트호이 가까운 곳에 살았던 살바도르 달리는 밀레의 《만종l'Angélus》을 따라서-반하여 그렸다. 카니발이다. 이런 식의 카니발리즘이 없다면 예술도 없다.

해체-재구성 없이도 창조가 가능할까? '창조'라는 말의 형이상학적이고 종교적인 어감을 감안하고 보더라도 과거의 '거장들'을 사숙하지 않고서, 따라서-반하여 바쳐진 오마주 속에서 그들을 뛰어넘지 않고서 단절을 이룰 수는 없다. 페란 아드리아의 예는 정확히 이런 종류의 추월에 들어맞는다. 엘불리의 손님들은 마치 자명한 사실처럼 테이블에 놓인 접시들 속에 요리의 모든 역사가 집약돼 있다는 것을 안다. 그러나 또 하나의 자명한 사실은, 이 요리들이 손님들을 전혀 새로운 세계로 인도한다는 것이다. 그 세계는 기존의 역사와 단절할 뿐 아니라 우리가 소위

▪ 라벨은 1938년에 다음과 같이 말했다. "이 작품은 내가 빈 왈츠에 바치는 최고의 찬사이다. 나는 그 속에 환상적이면서 치명적인 회전의 느낌을 가미했다."

루제 가우디 *Salmonetes Gaudi, 1987.*

‘요리’, ‘음식’, ‘식사’라고 부르는 것들과도 단절한다.

당연히 저항이 없을 수 없다. 페란 아드리아는 우리가 맛보길 원하는 것을 만드는 게 아니라 미각을 변형시키도록 우리를 이끌기 때문이다. 창조를 위해서는 시대를 거스르는 일도 불사해야 한다. 다른 한편에서는 유명 셰프들의 극찬이 이어지고 약삭빠른 이들이 그를 흉내 내면서 엘불리 스타일이 전 세계에서 유행하기 시작했다. 이들 각각이 만들어 내는 행복은 서로 매우 다를 수밖에 없다. 페란 아드리아의 젊은 시절 좌우명은 “창조하는 것은 흉내 내지 않는 것이다”였다. 하지만 수많은 셰프들은 그를 흉내 냄으로써 창조에 반하는 길을 가고 있다. 역설적이게도, 페란 아드리아는 세계에서 가장 칭송받는 동시에 가장 비난받는 셰프가 되었다. 그가 원한 것은 요리 ‘일반’이 아니라 ‘자신의’ 요리를 끊임없이 혁신하는 것뿐이었다. 아드리아 스타일의 확산은 곧 인류의 문화예술 속에 근본적인 것이 내면화되는 동시에 지역 문화에 충실함으로써 보편성을 획득하는 과정을 보여 준다.

카탈루냐의 아들 페란 아드리아의 기억 속에는 ‘타파스’tapas의 예술과 주변 환경의 미학이 고스란히 남아 있다. 타파스는 전통적인 식사 순서를 따르지 않는다. 단순하고 친근한 재료들의 맛과 질감이 결합되었다가 해체되고 재구성되기를 반복한다. 시끄럽게 대화가 오가는 유쾌한 분위기 속에서 각자가 원하는 방식으로 맛을 보면 된다. 타파스는 이를테면 차가운 것과 따뜻한 것, 육지와 바다, 짠 것과 단 것 등을 결합하는 기술이다. 페란 아드리아가 타파스에서 받은 영향은 엄청나다. 카탈루냐는 또한 가우디의 고장이기도 하다. 이 마술사는 시멘트로 식물을 만들어 내고, 몇 가지 색깔만으로 생동감 있는 존재를 창조하고, 흔한 재료들로 유쾌하고 부드러운 형태들을 빚어냈다. 그뿐인가. 눈속임의 대가 달리도 있다. 그가 그린 에이브러햄 링컨의 초상은 사실은 바다를 바라보고 있는 아내, 갈라의 등이다. 타피에스와 미로도 있다. 모

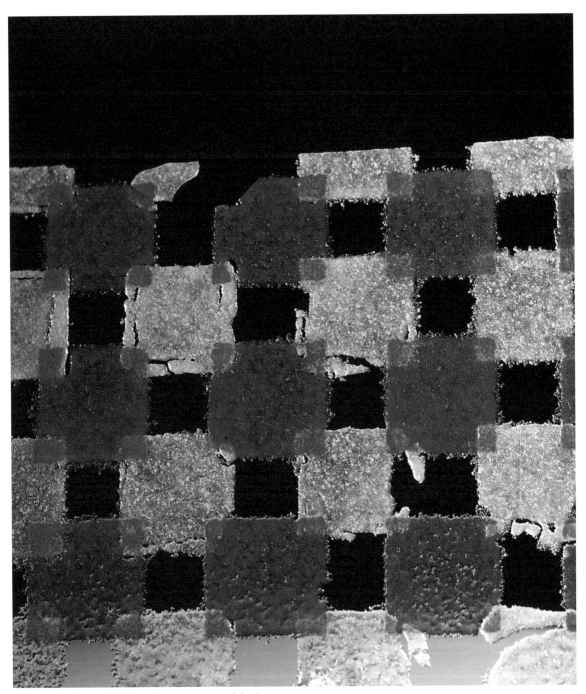

로스코 스타일의 딸기, 누가, 파인애플 모자이크 *Mosaico de crocant de frambuesa y piña, 2001.*

두 페란 아드리아가 본격적인 창조적 작업에 돌입하기 전부터 그에게 영감을 주던 이들이다. 아드리아는 1987년에 이미 가우디에 대한 오마주로 요리를 만든 적이 있다. 나중에 그는 타피에스에게도 오마주를 바친다.

요리사들뿐 아니라 시인, 화가, 작곡가들이 그의 창조적 작업 속에서 미학적 기쁨과 예술적 영감을 얻은 것은 어쩌면 당연한 일인지도 모른다.

위대한 작곡가 브루노 만토바니는 한 작품을 통해서 서로 다른 예술적 영역의 만남이 얼마나 풍부한 창조적 원천이 될 수 있는지를 보여 주었다. 프랑크 만들네르[42]는 만토바니에게 전통적인 오케스트라와 전자 현악기를 혼합하여 마치 우주 공간에서 오케스트라 연주가 펼쳐지는 듯한 환상을 창조해 달라고 부탁했다. 그 결과로 나온 곡이 〈환상의 책 Le livre des illusions〉이다. 이 곡은 2009년 6월 11일 파리의 살 플레엘에서 처음 연주되었다. 만토바니는 이 곡을 다음과 같이 설명한다.▪

"'환상'에 대해 말하려면 '놀라움'에 대해서도 말해야 한다. 이 곡의 형태를 잡기 위해 나는 내적인 다양성(연속되는 순간들을 음악적으로 표현한다면 청각적 요소들의 배열로 나타날 것이다)과 일관성을 동시에 갖춘 어떤 원천을 출발점으로 삼고 싶었다. 나는 곧 나의 탐색이 스페인의 위대한 셰프 페란 아드리아의 작업과 비슷하다는 사실을 알아차렸다. 그의 요리는 익숙한 것과 익숙하지 않은 것, 기준과 추상적 발명 사이에서 벌어지는 놀이이다. 그는 참으로 놀라운 형태적 감각으로 메뉴를 구성한다."

브루노 만토바니는 2007년 엘불리에서 맛본 서른다섯 가지 요리를 다시 기억해 내어 그 순서에 맞춰 곡을 쓰기 시작했다. "짠 것과 단 것,

42 frank Mandlener(1968~): 음악가. 작가들을 초대하여 콘서트-낭독을 진행하기도 했다.
▪ 텍스트를 주고 재구성을 허락해 준 브루노 만토바니에게 감사의 마음을 전한다.

Commande de l'orchestre de Paris et de l'Ircam

Partition

Le livre des illusions
(hommage à Ferran Adrià)

Bruno MANTOVANI

Olives sphériques

♩=76

Flûte 1

Flûte 2

Flûte 3 — Piccolo

Flûte 4 — Flûte en sol

Clarinette Bʲ 1

Clarinette Bʲ 2 — Clarinette en mi♭

Clarinette Bʲ 3 — Clarinette basse

Clarinette Bʲ 4

Trompette 1

Trompette 2

Trompette 3

Trompette 4

Trombone 1

Trombone 2

Trombone 3

Tuba

Percussion I — Tam-tam aigu

Percussion II — Water gong — dans l'eau — hors de l'eau — dans l'eau — sim.

Percussion III — Cymbale remontée sur son contrebasse, créer une oscillation en appuyant au centre de la cymbale — sim.

Percussion IV — 4 Toms + Grosse caisse — baguettes en bois — bord — centre — bord — centre — sim.

Violons — pizz.B.

Altos — pizz.B.

Violoncelles — s.t. non vib.

Contrebasses — s.t. non vib.

파리 관현악단 & 현대 음향/음악 연구소(Ircam) 주문. 브루노 만토바니, 〈환상의 책〉(페란 아드리아에게 바치는 오마주) 악보.

해산물과 육산물, 야채와 고기가 결합하는 방식은 이미 그 자체로 완벽한 한 편의 드라마였다. 첫 순간부터 환상이 존재했다. 처음에 나온 올리브 스페리코는 시각적으로 (올리브라고) 파악 가능한 대상과 그것에 대한 뜻밖의 '해석'을 대조적으로 보여 준다. 사실상 그것의 정체는 시각적으로 재구성된 올리브였다. 녹색의 얇은 젤라틴 막 속에 압착 올리브 즙을 넣은 것이었다. 형태와 맛은 조화를 이루고 있었지만 텍스처는 놀랍도록 새로웠다. 음악적으로 이 요리를 어떻게 해석해야 할지가 분명하게 보였다. 이 곡은 올리브 즙이 입 속으로 터져 나오는 순간의 충격에서 시작한다. 그런 후에 올리브 즙이 입 전체로 퍼져 나가는 순간에 느끼는 좀 더 지속적인 질감을 표현했다. 어떤 요리들은 단번에 맛을 볼 수 있었지만, 어떤 요리들은 몇 단계에 걸쳐 맛을 봐야 했다. 이 경우에도 나는 그 각각의 단계를 충실히 표현하려고 애썼다. (예를 들면 '와사비 딸기'를 맛보려면 세 단계를 거쳐야 한다.) 또한 몇 가지 요리들을 서로 연관 지음으로써 곡의 음악적 구조가 식상한 논리에 빠지지 않도록 했다. (예를 들면, 디저트 직전에 맛본 한련화 요리는 식사 전반부에 나왔던 생 아몬드를 떠올리게 했다. 이런 미각적인 연상 작용을 음악적으로도 표현하고자 했다.) 곡 후반에는 강렬한 음들이 서로 충돌하면서 콘서트홀 전체를 매우다가 마치 말줄임표로 문장을 끝내듯 바스락거리는 까막까치밥나무 열매 페이퍼[43]의 공기 같은 질감의 여운을 남긴다."

무척 흥미로운 글이다. '얼핏 보기에는' 요리와 전혀 상관없어 보이는 음악적 관점으로 '외부에서' 페란 아드리아의 작업 속에 숨겨진 창조적 과정을 드러내 보여 주기 때문이다. 그가 음악가가 아니었다면 이 과정을 느끼고, 분석하고, 음악을 통해 표현하는 일은 불가능했을 것이다. 엘불리의 요리들은 분명 악보로 표현될 수 있다. 칸딘스키의 작품들 속

---

43 메뉴 마지막에 나온 음식 이름.

야자와 초콜릿 모자이크 Mosaico de crocant de coco y chocolate, 1995.

초콜릿과 와사비 *Chocolate con wasabi, 2000.*

에 악보가 숨어 있는 것과 마찬가지이다. 실제로 칸딘스키는 자신의 작품들을 오케스트라에 비유하기를 즐겼다.

페란 아드리아와 마찬가지로 창조적 영역을 개척해 온 미셸 게라르는 만토바니가 음악을 통해 한 일을 장중한 서정단시ode를 통해 표현했다. 2002년 9월 엘불리에서 페란 아드리아와 만난 직후였다.

"페란 아드리아. 고전요리의 규칙과 범접 불가능해 보이는 요리의 문화유산에서 벗어나 색과 형태, 질감과 맛을 모두 새로 정의했다. 페란 아드리아. 기존의 것을 허물고 도발을 감행했다. 그의 요리는 유희처럼 가볍다. 첫 입에 깊은 사색을 피할 길 없고 두 입에 놀라움을 금할 길 없다." 그리고 페란 아드리아를 "가우디가 건축에서 한 일을 요리에서 해낸 사람", "가장 순수한 형태의 예술가"라고 칭송했다.■

어떤 의미에서 게라르는 해야 할 말을 다 했다. 그는 페란 아드리아가 자신을 얼마나 존경하는지 잘 알고 있으며, 자신을 따라서-반하여 창조적 작업을 계속해 왔다는 것도 안다. 페란 아드리아는 규칙들로부터 해방되어 전통 요리를 해체하고 놀라움과 웃음을 유발했으며 더 높은 차원의 기쁨을 위해 성찰의 길로 우회하도록 만들었다. 앞에서 나는 요리가 순수한 의미에서 예술이 될 수 있으려면 만족시켜야할 다섯 가지 기준을 제시했다. 독창성, 보편성, 재현, 오성의 확장, 기존 '예술계'에서의 탈피가 그것이다. 미셸 게라르는 짧은 칭찬의 말 몇 마디로 이 모든 것들을 멋지게 표현한 것이다. 이 거장은 페란 아드리아가 요리의 새로운 세계를 열었다는 사실을 정확히 지적했다.

페란 아드리아는 자신을 순수한 의미에서의 예술가로 내세운 적이 없다. 그에게 예술가로서의 자격을 부여한 건 바로 현대예술계이다. 반세기 전부터 5년 마다 개최되는 독일의 유명한 현대 미술제 카셀 도쿠멘

■　만프레드 베버-람베르디에르, 《미각혁명가 페란 아드리아》, 63~64쪽.

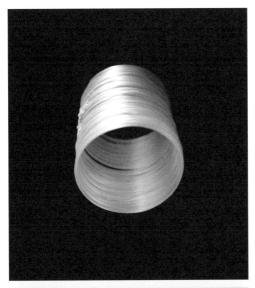

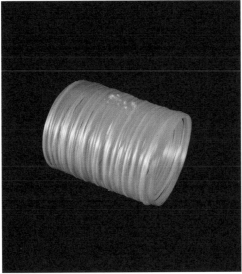

올리브 오일 캐러멜 꿀 *Muelle de caramelo de aceite de oliva virgen*, 2005.

타는 2007년 페란 아드리아를 초청하기로 결정했다. 초청 리스트 속에 요리사의 이름이 들어간 것은 처음이었다. 페란 아드리아는 이미 〈미슐랭 가이드〉별 셋을 획득하고, 〈레스토랑 매거진〉으로부터 "세계 최고의 요리사"라는 칭호를 받았지만 예술계로부터 이런 인정을 받게 될 줄은 꿈에도 상상하지 못했다. 70만 명의 도쿠멘타 방문객 중 뽑힌 200명의 사람들은 직접 엘불리까지 가서 식사를 하는 영광을 누렸다. 미술제를 지휘한 로거 뷔르겔은 엘불리를 '박물관'에 비유했다.

사실을 말하자면, '박물관'이라는 표현은 적절치 않다. 박물관에는 현대예술이라 할지라도 이미 전시되었던 작품들이 소장된다. 명작으로 공인되는 것이다. 그러나 엘불리는 오래전부터 오직 극단적으로 새로운 것들만을 소개해 왔다. 그런 의미에서 엘불리는 관객들이 독창적인 작품이 주는 놀라움을 기대하며 찾는 전시 갤러리, 콘서트 무대, 극장 같은 곳에 더 가까운지도 모른다. 예술의 세계는 시간 속에서 연속적으로 출현하는 예상 불가능한 사건들로 가득 차 있지만 한편으로는 이미 지나온 과거의 궤적을 보존하기 위해 박물관이라는 공간을 필요로 한다. 엘불리도 마찬가지이다. 매년 새로운 작품들이 창조되는 동안 그 여정이 모두 기록으로 남겨졌다. 실험과 관련된 노트, 자료파일, 문서들과 모든 요리에 대한 일반 정보를 담은 카탈로그(모차르트의 곡들처럼 모두 고유번호가 붙어 있다!), 프란세스크 기야메의 사진들, 비디오, 다양한 서적들이 모두 보존되어 있다. 창조적 작업의 전 과정을 망라한 흔적들이 남아 있는 것이다.

기존의 무언가에서 비롯된 것이 아니라 그 자체로 새로운 출발점인 이 창조적 과정들을 설명한다는 것은 어려운 일이다. 어떤 식으로든 설명이 가능하려면 이미 존재하는 무언가로부터 출발하지 않으면 안 된다. 하나의 사건으로서 새로움의 출현은 창시자créateur의 독특한 개성에 의존한다. 이 창시자는 기존의 것과 단절하는 독보적인 독창성의 출

짜고, 달고, 쓴 아몬드와 아몬드 워터 *Almendras saladas, azucaradas, amargas con agua de almendra, 2006.*

현임과 동시에 그가 따라서-반하여 창조하기 위해 자기 것으로 만들어야 했던, 과거로부터 이어져 온 문화유산의 산물이기도 하다. 이 독특한 개성은, 다시 한 번 강조하지만, 근본적으로 설명이 불가능하다. 그렇다고 그것이 초자연적이라는 말은 아니다. 대부분의 창시자들은 자기 나름대로 설명을 시도해 왔다. 이를테면 로댕은 다음과 같이 말했다. "감정은 내 비전에 영향을 미쳤다. 나는 그 감정이 보여 주는 자연을 그대로 베꼈을 뿐이다." 왜냐하면, "예술가는 본다. 즉, 심장과 하나가 된 예술가의 눈은 자연의 내밀한 속까지 읽어 낸다."▪ 프루스트의 말을 들어 보자. "작가에게 스타일이란 화가에게와 마찬가지로 테크닉이 아니라 비전의 문제다."▪▪ 메를로-퐁티는 회화가 "세속적인 눈에 보이지 않는 것에 가시적인 존재를 부여한다"▪▪▪고 말했다. 폴 클레도 비슷한 말을 했다. "예술은 보이는 것을 모사하지 않는다. 보이지 않는 것을 보이게 한다." 페란 아드리아가 2002년 도쿄에서 했던 말과 정확히 일치한다. "모든 게 이미 존재하기 때문에, 우리에게 남은 유일한 창조성의 비밀은 아무도 보지 못하는 것을 보는 것에 있을지도 모른다."▪▪▪▪ 위에 인용한 예술가와 미학자들의 말은 모두 비슷한 지점으로 수렴하며, 요리가 예술적 창조의 영역에 진입할 수 있는 가능성을 보여 준다.

기존의 것과 단절을 감행하는 예술가들은 끊임없이 '노력하고 또 노력한다.' 그들은 열정적이면서도 체계적으로 새로움을 탐색한다. 예술가는 다른 모든 연구자들과 마찬가지로 본질적으로 자신이 정확히 무엇을 찾고 있는지 모른다. 알고 있다면 찾는 데 그렇게 오랜 시간이 걸

▪ Rodin, 《L'art, entretiens réunis par Paul Gsell》, Grasset, chapitre I.
▪▪ Proust, 《Le temps retrouvé》, Garnier-Flammarion, 289쪽.
▪▪▪ Merleau-Ponty, 《L'œil et l'esprit》, Gallimard, 19~35쪽. [모리스 메를로 퐁티 저, 김정아 역, 《눈과 마음》, 마음산책, 2008.]
▪▪▪▪페란 아드리아, 도쿄 하토리 영양전문학교, 2002년 2월 27일.

리지 않을 것이다. 이미 25세기 전에 플라톤이 《메논》에서 지적한 사실
이다. 피카소는 이와 관련해 다음과 같이 말했다. "나는 찾지 않는다.
다만 발견할 뿐이다." 그러나 이들의 창조성은 기존에 존재하는 것들의
저항에 격렬히 맞서 싸운 결과이기도 하다. 모네는 항상 하늘의 '인상'
을 포착하기 위해 고심했으며, 반 고흐는 자신의 스타일 속에 사람의 얼
굴을 어떻게 조화시킬 것인가 하는 문제와 씨름했다. 니콜라 드 스타엘
은 자살로 생을 마감하는 그 순간까지 큰 캔버스에 대한 불안에 시달렸
다. 〈콘서트 Le concert〉라는 작품이 미완으로 남은 이유다. 예술적 새로
움은 수많은 가능성들 사이로 하나의 길을 개척한다. 프랑스어 'mé-
thode'(방법론)의 그리스어 어원은 'meta-odos'[44]로 어딘가로 '향하는
길'을 뜻한다. 창조적 작업과 노동은 공히 이 '방법론'을 필요로 한다.

페란 아드리아와 그가 이끄는 팀은 지난 25년간 요리를 연구하면서
성찰하고, 의논하는 작업을 지속해 왔다. 그 결과로 도출된 것이 그들
의 창조적 방법론의 원칙들이다. ▪

그들은 다음과 같이 크게 세 가지로 정리된 원칙을 엄격히 준수한다.

I- 전통 요리, 지방 요리, 타 대륙의 요리를, 기술-개념적 발명, 그것의
실현 방법 등과 결합한다.

II- 재료, 준비 과정, 소스 등을 모든 가능성에 따라 체계적으로 '조합
하면서' 기록을 남긴 후 그것을 바탕으로 창조적 작업을 진행하고 마무
리한다. 자연, 문화, 예술적 원천에서 '영감을 얻는다.' 예를 들면, 하나
의 요리는 꽃 한 송이, 새 둥지, 거장의 그림 같은 것에서 영감을 얻을 수
도 있다. 기존 요리를 '재해석'하여 새로운 요리를 창조한다. 앞에서 언
급했듯이, 요리의 개념을 보존하는 동시에 넘어선다. 즉, '해체한다.' 때

---

44 meta μετά는 '이어지는, 다음의', odos οδός는 '길'을 뜻한다.
▪ 페란 아드리아, 홀리 솔레르, 알베르 아드리아 공저, 《엘불리에서 보낸 하루》,
136쪽, 240쪽.

로는 더 이상 알아볼 수 없을 만큼 비구성화inconstruire 45한다. 최소화한다minimaliser. 즉, 가능한 적은 재료를 이용해 최상의 감각적 기쁨을 창조하려고 노력한다. 오리 푸아그라 키노아와 푸아그라 콩소메, 토마토와 레몬 텍스처, 올리브 스페리코 등이 좋은 예이다. '메뉴의 구조를 변형한다.' 이와 관련해서는 다음 장에서 자세히 다룰 것이다. '새로운 재료를 찾는다.' 중국이나 멕시코 등 외국에서 온 재료들을 사용할 수도 있지만 숯 오일처럼 직접 발명할 수도 있다.

Ⅲ- 감각을 출발점으로 삼되, 앞에서 언급했듯이 '식스 센스'를 동원한다. 짠 것과 단 것을 교차 배치하고, 새로운 서빙 방식을 개발하고, 요리의 구조를 변형한다.

놀라울 만큼 체계적으로 정리된 이 방법론적 원칙들은 더 이상 모방하지 않고 요리 분야 전반에서 새로운 것을 창조하겠다는 단호한 의지를 담고 있다. 타협은 없다. 오로지 예술적인 목적만 지향한다. 고객들이 예전에 좋아했던 것, 지금 기대하는 것 등은 관심 밖이다. 이 원칙들 속에는 앞서 말한 다섯 가지 기준이 체계적으로 포함되어 있다. 이전에는 누구도 이런 것을 시도한 적이 없다.

그러나 이것이 단순한 방법론에만 그친다면 특이한 모험으로 흥미를 불러일으키거나 지적인 자극을 주는, 그저 쓸데없이 독창적이기만 한 요리에 그칠 것이다. 그러나 엘불리에서 식사를 하며 느꼈던 그 강렬한 감동은 이런 것에 비할 바가 아니었다. 앞서 밝힌 원칙들을 통해서 풍부하고 진정성 있는 예술적 창조성을 표현하는 것이 관건이었다. 그래야 새로운 스타일, 순수한 미학적 기쁨, 보편성을 띤 창조, 지식에 대한 기여, 미각의 새로운 세계가 가능해진다. 그리고 드디어 요리는 예술이 되기

---

45 '구성하다', '건설하다'를 뜻하는 프랑스어 동사 construire에 저자가 부정의 접두사 in을 붙여 인위적으로 만든 단어이다.

위한 다섯 가지 기준을 모두 만족시킬 수 있게 되었다. 페란 아드리아가 새로운 감각의 문법에 따라 창조에 창조를 거듭하며 정초한 엘불리의 암묵적 철학이 있었기에 가능한 일이었다.

　이는 일련의 해체 작업에 의해 식사의 질서 자체가 전복되는 식으로 진행됐다. 이 작업을 이해하기 위해서는 특별한 성찰이 필요하다.

꽃과 꿀 *Flor con su néctar, 2010.*

8

미식의 시대를 열다

———————

Ordre & désordre

❖

　페란 아드리아는 놀라움을 주고, 도발하고, 질문하고, 웃음을 자아내고, 성찰을 유도하며, 강렬한 기쁨을 선사한다. 맛, 텍스처, 온도, 시각적 외양뿐 아니라 갈수록 자주 메뉴의 순서 자체가 하나의 수단이 된다. 손님들이 카르트^{carte}와 메뉴^{menu} 46 사이에서 선택권이 있었을 때는 메뉴 순서의 중요성이 덜 부각되었다. 각자가 카르트에 제시된 순서를 참조하여 자신만의 식사를 구성할 자유가 있었기 때문이다. 1995년의 카르트에는 샐러드와 해산물이 있었는데, 그중에는 로브스터, 홍합, 새우, 랑구스틴, 해삼, 본마로 캐비아, 크뤼스타세, 대구와 노랑촉수, 넙치와 가오리, 가자미가 포함되어 있었고, 그다음에는 양고기, 소고기, 토끼고기가 준비되어 있었다. 마지막은 치즈 혹은 디저트 메뉴 사이에서 선택이 가능했다. 더 이상 전통적이지 않은 요리들을 전통적인 순서로 맛보는 셈이었다. 나는 당연히 데귀스타시옹 메뉴를 선호했다. 이 메뉴는 조리 방법과 개념에 있어 상당히 혁명적이었지만 수세기 전부터 이어져 온 프랑스 요리 전통의 논리를 근본적으로 벗어난 것은 아니었다. 이를테면 해산물 후에 육산물, 짠 것 후에 단 것을 서빙하고 코스 중간에 따뜻한 요리를 내야 한다는 원칙은 그대로였다. 여기서 지난 15년간 엘불리의 데귀스타시옹 메뉴가 어떻게 변화해 왔는지를 되짚어 보는 것도 흥미로울 것이다. 초반에는 이 메뉴의 서빙 순서가 조금씩 변화하다가 결국에는 순서 자체가 완전히 파괴되는 단계에 이르렀다. 엘불리가 데귀스타시옹 메뉴만 서빙하기로 결정한 순간부터 손님들은 이 변화를 더욱 실감하게 되었다. 페란 아드리아의 이 결정 역시 다시 한 번 예

---

46 알라카르트^{à la carte}는 메뉴판에서 원하는 요리를 선택해서 먹는 방식을 말하고, 메뉴^{menu}는 흔히 말하는 코스 요리를 말한다. 데귀스타시옹 메뉴^{menu de dégustation}는 미식가들을 위한 특별 코스이다.

LA CUISINE DE FERRAN ADRIÀ   POUR L'ÉTÉ DE 1995

La salade de légumes en textures	La fricassée de crustacés
2950	4650
Le gaspacho de homard	Les très petits mèrlans et les concombres de mer
4800	3600
La salade de poulpe en *sashimi* avec du poulet confit à la vanille	Les rougets aux amandes fraîches et aux abricots
3250	3500
Les moules de Montjoi en gelée au parfum de fenouil	La sole à l'ail, au thym, au laurier, au romarin
2800	4000
Le chop suey de palourdes	La raie aux couteaux et aux macaronis
3800	3650
Les crevettes de Roses au parmesan et au xérès	Le turbot avec des lentilles, un sabayon d'origan et vinaigre au caramel
4750	4300
Les langoustines en habit de cèpes	Le râble d'agneau aux épices
4750	3800
Les gerbes de concombres de mer en aigre-doux	L'entrecôte de bœuf en civet cuit à la minute
4800	3650
La mœlle d'os au caviar	Le *salmorejo* de lapin, purée de mangue et *mascarpone*
4900	3300

Pain, beurre et *petits fours* 400   Assortiment de fromages 1000   Desserts à la carte 1300   Les prix n'incluent pas le 7% d'IVA

페란 아드리아의 요리, 1995년 여름.

술적인 관점에서 내려진 것이었다. 전시할 그림 혹은 연주할 음악을 관객에게 선택해 달라고 요구하는 예술가를 본 적이 있는가? 그리하여 페란 아드리아는 하나의 질서에서 다른 질서로 아니, 하나의 질서에서 다른 무엇인가로 옮겨 갔다. 일종의 새로운 정신 상태état d'esprit라고 할 수 있는 이것은 아직 정의가 필요하다. 어쨌든 다시 한 번 강조하지만, 우리가 자연스러운 것으로 간주하는 식사 형식이라는 것은 사실상 역사적 산물이라는 것을 잊지 말아야 한다.

식사의 '자연적 질서' 따위는 존재하지 않는다. 각 문명은 각자 나름대로 먹는 기술을 발전시켜 왔으며, 언어의 문법과 마찬가지로 식사의 문법을 내면화해 왔다. 우리 각자는 그것이 정확히 무엇인지 모르면서도 그것을 따르고 심지어 학습하며 살아간다. 예를 들어 한 문화 속에서 특정한 순서대로 식사가 반복되다보면 그것이 유일하게 가능한 순서가 되어 버린다. 이는 프랑스의 경우에도 해당된다. 프랑스인들은 생선과 크뤼스타세는 고기를 먹기 전에, 치즈와 과일은 식사 마지막에 먹는 게 당연하다고 믿는다. 마찬가지로 단 것은 반드시 짠 것 뒤에, 찬 음식은 식사 시작과 끝에, 더운 음식은 중간에 나오는 게 맞다고 생각한다. 이 문법이 '좋은 취향'의 기준이 된다. 물론 취향은 시대에 따라 사회계층에 따라 달라진다. 수프는 반드시 시작 시점에 나와야 하지만 차갑든 따뜻하든 상관이 없다는 식으로 변화가 허용되기도 한다. 혹은, 흰 살 고기는 새우나 가재 요리와 함께 나올 수는 있어도 치즈나 소고기 뒤에 나오는 것은 불가능하다는 식이다. 외국 요리에 대한 관심이 점점 커지면서 프랑스인들의 입맛이 상당히 변하고 있는 것은 사실이지만 그렇다고 아이스크림은 달고 소고기는 짜야 한다는 생각을 뒤바꿔 놓을 정도는 아니다. 아시아 요리에서는 짠 맛과 단 맛이 서로 결합되고, 아프리카 요리에서는 고기와 과일을 함께 요리한다. 그러나 지난 두 세기 동안 세계 요리의 기준 역할을 해 온 프랑스 요리는 이들 요리와 전혀 다른 결합과 배열의 논리를 고수하고 있다. 어떤 이들은 상당수의 프랑스 셰프들이 이 문법에 변화를 가져왔거나 변화를 요구하고 있다고 주장할 것이다. 그러나 이런 변화는 하나의 역사가 낳은 결과이다. 그 속에서 '누벨 퀴진'과 '엘불리'는 눈부신 활약을 펼쳤다. 이 역사를 되짚어 봄으로써 우리는 페란 아드리아가 그 속에서 어떤 위치를 차지하는지 정확히 파악할 수 있을 것이다.

굳이 선사시대 혹은 민족학의 연구 대상이 되는 다양한 부족사회의 식생활을 살펴보거나, 요리가 위생과 종교에 의해 규정되던 고대까지 거슬러 올라갈 필요는 없을 것 같다. 여기서는 현재 우리의 식생활 문화와 직접적인 관련이 있는 중세 시대에 대해 살펴보는 것으로 족할 것이다. 중세 시대 기본적인 맛은 매콤한épicé 맛, 신 맛, 단 맛이었다. 그중 단 맛은 15세기부터 강조되기 시작해, 비둘기 고기, 포타주, 파테, 심지어 아티초크 타르트에도 들어가게 되었다. 사실상 맛의 조화를 추구하는 것이 더 중요해진 17세기 후반까지는 특정한 영양학적 관점이 지배적이었는데, 이 기간 내내 특정 순서를 따르는 프랑스식 서빙이 주된 방식이었으며 그 순서는 매우 느린 속도로 변화했다.

이 순서에 따르면, 식사 초반에 즙이 많은 과일, 오렌지, 복숭아, 포도 샐러드, 자두 혹은 단 과자 등이 나왔다. 심지어 커런트 소스 소고기나 오렌지 소스 염소고기가 나오기도 했다. 그 후에 포타주가 나왔다. (17세기부터는 포타주가 과일 전에 나오기 시작했다.) 다음으로 햄 종류charcuterie, 따뜻한 파테, 소스를 곁들인 고기가 뒤를 이었고 이어서 구운 고기와 찬 파테가 나왔다. 때로는 '앙트르메'로 야채가 나오기도 했다. 모든 음식들은 다양한 샐러드와 함께 제공됐고, '이쉬 드 타블'issue de table과 '디저트'로 식사가 마무리됐다. 단 맛이 전체 메뉴에서 떨어져 나와 식사 후로 자리 잡게 된 것은 17세기에 이르러서였다. 그리고 처음과 두 번째 서빙 되는 요리에 '오르되브르'hors-d'œuvre가 등장하기 시작했다. 양다리 요리, 굴을 곁들인 영계 필레, 구운 양의 혀 요리, 닭과 곤들매기 혹은 새끼 사슴 넓적다리 등과 같은 더운 요리였다. 사람들은 점점 맛이 좋으면 건강에도 좋을 것이라고 생각하기 시작했다. 일테면 에피쿠로스주의에서 신중함과 소식小食의 덕목을 뺀 것과 비슷한 사고방식이었다. 이 전통적 시기에 식사의 끝 부분에 과일이 등장하기 시작했고 단 맛과 짠 맛이 결정적으로 분리되었다. 또한 프랑스어의 'goût'라

는 단어가 입이 느끼는 감각, 즉 '맛'이라는 의미를 그대로 간직하면서
동시에 비유적으로 미학적 판단, 즉 '취향'의 의미를 갖게 된 것도 17세
기부터였다.• 이때가 바로 프랑스 문화의 결정적 전환점이었으며 그 영
향이 지금까지 이어져 오고 있다. 이제 먹는다는 행위는 하나의 문화적
행사가 되었으며 '맛있다'는 사실에도 일종의 객관성과 보편성이 부여되
기에 이르렀다. 레스토랑이라는 곳도 다른 나라에서처럼 술안주용으로
조금의 음식이 제공되거나, 농부들이 집에서 멀리 떨어진 시장을 방문한
길에 들러서 원기를 회복하고 여행자들이 휴식을 취하는 장소 이상을 의
미하게 되었다. 물론 행인들이 잠깐 서서 허기를 달래는 노점과도 달랐
다. 1674년 파리에서 '르 프로코프'Le Procope (오늘날까지 성업 중이다)
가 처음으로 문을 연 이후 이 새로운 형태의 '레스토랑'은 루브르 같은
곳까지 확산되었다. 그리고 앞에서 보았듯이, 1789년 프랑스 혁명을 계
기로 파리의 레스토랑들이 세계 정상의 자리에 등극했으며 지금 우리가
살펴보고 있는 위대한 역사가 본격적으로 시작되었다.

이런 과정을 통해 19세기 프랑스인들에 의해 일반적인 의미의 '미식
법'gastronomie이라는 개념이 발명되고 확산되었다. 그리고 몇 차례에
걸쳐 수많은 요리들이 한꺼번에 서빙 되는 대신 차례로 하나씩 요리가
나오는 '러시아식 서빙' 방식이 도입된 것은 결정적인 전환점이었다. 그
결과 서빙 되는 요리의 가짓수가 이전에 비해 현격하게 줄어들었다. 19
세기 초반, 100~200여 개였던 요리 가짓수가 겨우(!) 20~40개로 줄어
들었고 나중에는 그보다 더 적은 수의 요리가 제공되었다. 한 예로,
1894년 마르주리라는 파리의 한 셰프가 60명의 손님들에게 어떤 요리
를 내놓았는지를 살펴보자. 아스파라거스 크림을 곁들인 포타주, 새우

■　프랑스 요리가 아니라 스페인 카탈루냐 요리사의 창조적 작업에 의해 요리가 예
술의 영역과 만나게 되었다는 사실이 재밌다.

상어 지느러미 *Aleta de tiburón, 2003.*

와 멜론, 바다 송어와 새우, 프레살레 엉덩이살과 강낭콩, 송로를 곁들인 영계, 핀 상파뉴(고급 코냑) 그라니테, 살짝 구운 새끼 오리고기, 샐러드, 멧새 고기, 가재, 치즈, 과일, 디저트가 나왔다. 각 요리와 어울리는 와인이 함께 제공된 식단이었다. 뮈지니 블랑 1878, 메도크 1878, 그랑-퓌 1874, 이켐 1871과 다양한 샴페인이 나왔다. 이 예에서 보듯 당시의 식사를 규정하던 문법은 오늘날 요리의 주류를 이루는 문법과 매우 비슷했다. 물론 지금은 요리 가짓수가 현격히 줄어들었고, 누벨 퀴진 등에 의해 조리 과정이 훨씬 단순해지긴 했지만, 해산물에서 육산물로, 가벼운 음식에서 무거운 음식으로 진행하고, 식사 중간에 더운 음식이 나오고 마지막에 단 맛으로 마무리하는 방식은 그때나 지금이나 큰 차이가 없다.

알렉상드르 뒤마의 《요리 대사전》은 이런 주류 문법을 고스란히 담고 있다. 한 예로, 생-클루의 레스토랑 '라 테트 누아르'La Tête noire의 셰프 뷔유모가 뒤마와 스무 명의 손님들을 위해 준비한 메뉴를 살펴보자. 굴, 멜론과 새우, 파테와 넙치, 마랭고식 닭 요리, 양갈비와 아스파라거스, 송아지 콩팥, 튀긴 바다빙어, 샐러드, 아티초크, 콩, 마들렌, 과일, 플랑, 치즈, 과자 종류 등이었다. 이 중에서 19세기의 요리 문법에 유일하게 어긋나는 것은 바다빙어뿐이었다. 물랭아방, 말부아지, 샤토-라투르, 시원한 샴페인과 소테른 등이 메뉴와 함께 나왔고 그 외에도 커피와 함께 다양한 알코올음료들이 제공됐다. 한편, 레스토랑 '라 매종 도레'La Maison dorée의 셰프 베르디에의 경우는 뒤마와 열다섯 명의 친구들에게 조금 다른 순서로 서빙을 했다. 가금류와 거북이 콩소메로 시작하여 국수, 연어, 소고기 필레, 송로와 가금류 고기, 메추라기, 멧새, 야채와 과일 젤리 순이었다. 거북이는 아마도 해산물로 간주되었을 것이고, 앞서 소개한 메뉴에서의 바다빙어처럼 엉뚱한 일탈을 위해 선택된 것으로 보인다. 어쨌든 와인이 서빙 된 순서가 이런 가정에 신빙성을 부

Whisky sauer de pasión
Sésamo garrapiñado
Cuchara de chicharrones
Crujiente andaluz
Crujiente de algas
Arroz salvaje
Almohadas de aceite de oliva
con sorbete de agua de tomate
Patatas al café
El "corte" de parmesano

Sopa de guisantes a la menta
Polenta
Tagliatelle a la carbonara
Tortilla de patatas
Mejillones con gelatina caliente y picada
Terrina de albahaca con verduras
Tarta de trufas de verano
Lenguas de pato con peras y lichis
Raviolis de sepia y coco al jengibre

Cigalas al natural con ajos confitados
Sardinas al cassis y eucalipto
Sesos de cordero con algas

Sorbete de fresas con Campari y fishermans
Borracho de mandarina
Pequeñas locuras

Roses, 29 de Julio de 1999

Daiquiri
Crujientes de maiz
Pistachulines
Cortezas garrapiñadas
Quinoa inflada
Philo-pizza
Yogur-yogur
Fresa al Campari
Caviar de trucha:
En tempura y ...
En cornet al wasabi

Melón con almendras tiernas a los aromáticos
Hígado de rape con cítricos y soja
Cous cous de coliflor
"Tapioca" de jamón ibérico
Migas al falso tartufo
Raviolis de sepia y coco al jengibre

Percebes al té
Sardinas con pan crujiente
Civet de conejo con gelatina caliente de manzana
Sopa de levadura con mantequilla, cítricos y canela

Bizcocho al Campari con crema helada de vainilla
Polvo helado de chocolate con lima y wasabi
Pequeñas locuras

Roses, 19 de julio de 2000

---

snacks

mojito
piña colada
chicharrones de pollo
madeja de parmesano
inyección de chufa
pistachos - yogurt
cortezas
ceps:
en crocant...
canapé 2001
pétalos de rosa
países
huevo de oro
cebolla en tempura

tapas

whisky sour
kellog's paella – gamba
quinoa de foie con consomé
parrillada de verduras
calabaza a los aromáticos
rissotto al parmesano con azafrán
semillas de padrón con regaliz
ravioli de trufa a la carbonara
sepia a la brutesca

platos

nécoras con col china
"espardenyes" con crujiente de pan
conejo en civet con caramelo de foie
ravioli helado de anisados y toffe

postres

sorbete de fermento de yogurt
maiz a la parrilla
pequeñas locuras

roses, 16 de julio de 2001

20/07/2005

margarita 2005
olivas sféricas
suspensión de saúco al hinojo
marshmallow de piñones
3D a la canela con albahaca limonada
cereza-yogur
oreo de oliva negra con crema doble
disco de mango
melón cru con hierbas y almendra tierna
mejillones de roca en escabeche de conseva
caramelo de aceite de calabaza
nube de palomitas
caviar sférico de melón
mozzarella casera con albahaca
brioche al vapor
deshielo 2005
tortilla a las finas hierbas
alcachofa a la oliva negra
desierto de zanahoria
nueces con crema de nueces
sopa thai con tofu de coco
foie-gras con garbanzos y kikurague
almendras con chipirones
ventresca de caballa en escabeche
cigala con quinoa[3]
costillar de cerdo ibérico thai
souflé de granadilla al toffe y cilantro
liqüid de melocotón
merengue de rosas con higos
Morphings....

여한다. 생-쥘리앙과 마데르(즉, 레드 와인)를 시작으로, 샤토 라로즈, 코르통, 클로스-뒤-루아를 거쳐 이켐과 샴페인들로 마무리가 되었다.

미식의 시대를 연 요리의 문법적 순서는 바다/육지, 찬 것/더운 것/찬 것, 짠 것/단 것, 가벼운 것/무거운 것/가벼운 것 등과 같이 일관적인 기준을 따른다. 이것들은 시간이 흐르면서 조금씩 당연하고 자연스러운 것, 좋은 취향을 표현하는 것으로 정착했다. 여기에 요리 문법의 각 단계를 강조하는 와인들을 추가해야 한다. 프랑스 요리가 서구 사회 전체로 확산되던 시대에 음식과 와인의 조화를 추구하지 않는 미식법이란 성립할 수 없었기 때문이다. 사실상 메소포타미아 문명부터, 특히 고대 그리스에서 와인은 연회를 여는 데 없어서는 안 되는 요소였다. 플라톤의《향연》을 통해서도 확인할 수 있는 사실이다. [47] 이집트인들은 술 단지에 와인 생산지와 연도를 기록했다고 한다. 로마와 아테네에서는 손님들과 어울려 식사를 하면서 와인을 곁들여 마시는 것을 문명인의 기준으로 삼을 정도였다. 1825년 브리야 사바랭은 익명으로《미각의 생리학Physiologie du goût》▪이라는 책을 출판하고 몇 년 후에 세상을 떠났다. 법학이나 정치경제학 책들로는 얻을 수 없었던 큰 명성을 선사한 이 책에서 사바랭은 음식과 와인의 결합mariage을 연구했으며, 각 와인이 어떤 온도로 서빙 되어야 하는지까지 언급했다. 미식법 체계 속에 와인이 포함되면서 점차적으로 와인 고유의 서빙 순서가 정립되었고, 때로는 심지어 와인이 식사의 진행 전체를 주도하는 경우까지 생겼다. 이런 변

---

47 플라톤은 와인을 신이 인간에게 준 최고의 선물이라고 극찬했다.
▪ 원제:《Physiologie du goût, ou Médiations de Gastronomie Transcendante; ouvrage théorique, historique et à l'ordre du jour, dédié aux Gastronomes parisiens, par un Professeur, membre de plusieurs sociétés littératures et savantes》(미각의 생리학 혹은 탁월한 미식법에 대한 성찰; 다양한 문예, 지식인 협회 회원인 한 교수가 파리의 미식가들에게 헌정하는, 당대의 이론서이자 역사서) [홍서연 역,《브리야 사바랭의 미식 예찬》, 르네상스, 2004.]

전통적인 순서

더운 것
육산물
무거운 것

찬 것
해산물
가벼운 것

엘불리, 2008년 메뉴

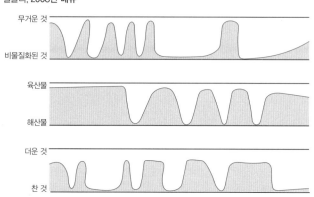

무거운 것

비물질화된 것

육산물

해산물

더운 것

찬 것

23/04/2008

0,75 l. **Brut Nature Gran Reserva 2004**
elBullivi Agustí Torelló @ Cava-Penedès (D.O.)

Escumós

0,75 l. **Pazo de Señorans Selección de Añada 2003**
elBullivi Pazo de Señorans @ Rías Baixas (D.O.)

Blanc

0,75 l. **Improvisació Vinya dels Taus 2006**
elBullivi Vinifera @ Penedès (D.O.)

Blanc

0,5 l. **Olivares 2003**
elBullivi Bodegas Olivares @ Jumilla (D.O.)

Dolç

elBulli Roses

cosmopolitan-mallow
aceitunas verdes sféricas-I
nori-Trias
galleta de tomate
bombones de piñones y chocolate
merengue/profiterol de remolacha y yogur
oreja de conejo frita con hierbas secas aromáticas
sisho caramelo flexia con sus gominolas
hoja de menta y coco con coquitos
bizcocho de sésamo negro y miso
papel de flores
nata-LYO
horchata / trufa
yogur de ostras con px en témpura
judión con panceta Joselito
flor de mandarina/aceite de calabaza con pipas de mandarina
almendras gelé con cocktail de almendruco "Umeboshi"
sopa de tomate con jamón virtual
cous-cous de nabo con erizos
espárragos en diferentes cocciones
guisantes 2008
navaja con alga
ñoquis de polenta con café y yuba al azafrán
negrito 2008
canapé de caza
jugo de liebre con gelé-cru manzana al casís
moshi de gorgonzola
helado de trufa
paisaje de otoño
Morphings....

Ajuntament de Roses

Caixa Girona
www.caixagirona.es

Costa Brava
Pirineu de Girona

화들이 나중에 페란 아드리아가 주도한 요리 혁명에 어떤 영향을 미쳤
는지에 대해서는 뒤에서 다시 살펴볼 것이다.

　누벨 퀴진에 의해 혁신된 전통적인 미식법의 유산을 자신의 것으로 삼
은 프랑스 셰프들은 과연 이 지배적인 식사 구조를 급진적으로 바꾸어
놓았을까? 지난 15년간 파리의 레스토랑들에서 제공한 데귀스타시옹
메뉴나 카르트들을 살펴보면 전반적인 구조가 크게 달라지지 않았음을
쉽게 확인할 수 있다. 음식이 가벼운지 무거운지, 온도가 낮은지 높은
지, 해산물인지 육산물인지, 이 세 가지 관점에서 살펴보면 전반적으로
식사가 진행됨에 따라 갈수록 음식이 무거워지고, 육산물이 해산물 뒤
에 나오며(물론 식사 초반에 푸아그라가 나오는 경우는 예외이다), 음식의
온도는 계속 상승하다가 치즈와 디저트가 나오면서 갑자기 뚝 떨어지
는 경향을 보인다. 여기에 와인을 곁들이는 것은 별로 어렵지 않다. 아
페리티프는 샴페인, 식사 초반에는 부르고뉴 혹은 루아르 블랑(물론 알
자스나 콩드리외 등도 나쁘지 않다), 다음에는 보르도나 부르고뉴 혹은
론 레드 와인, 원한다면 마지막으로 포르토 순으로 하면 된다. 티에리
막스, 피에르 갸네르, '아스트랑스'의 셰프 파스칼 바르보 같은 이들은
지배적인 식사 구조 속에 일부러 큰 무리가 되지 않을 정도의 부조화를
삽입하기도 한다. 이 세 명의 셰프들은 페란 아드리아에 대해 잘 알고
있으며 그에 대한 존경심을 숨기지 않는다. 그러나 이들의 시도는 기분
좋은 몇 가지 부조화일 뿐 구조 전체의 전복이라고는 할 수 없는 것들이
다. 동일한 문법 속에서 무한한 수의 소설이 창작될 수 있고, 동일한 음

■　좀 더 철저한 연구를 진행해 보면 흥미로운 결과들을 얻을 수 있을 것이다. 내가
직접 비교해 본 레스토랑은 다음과 같다. '아피시우스'(1995년), '쥘 베른'(2007년), '르
두아양'(1998년), '페트로시앙'(2000년), '아스트랑스'(2002년), '자맹'(2003년), '라 타블
당베르'(2003년), '타유방'(2007년), '생크'(2008년), '라세르'(2010년), 그리고 요리사 갸
네르(1996년, 1998년), 티에리 막스(2010년), 야니크 알레노(2011년)의 레스토랑.

계에서 무한한 수의 곡이 만들어질 수 있다. 그러나 바흐, 모차르트, 라벨 등의 작곡가는 작곡의 방식 자체를 혁신했다는 면에서 다른 이들과 구분된다.

페란 아드리아 역시 같은 관점으로 평가할 수 있다. 그는 기존의 문법 속에서 요리를 창조했는가? 아니면 그 문법 자체를 전복했는가? 내가 보기에 이 질문은 이 책의 초반부터 우리가 다양한 각도에서 그 답을 찾으려고 노력 중인 질문과 밀접하게 연관된다. 그의 요리는 여전히 가스트로노미인가, 아니면 순수한 예술적 창작물인가? 후자의 경우라면, 페란 아드리아 이전까지 식사의 개념 자체나 다름없이 여겨지던 식사 순서와 관련해서도 그 사실이 확인되어야 할 것이다.

호박(琥珀) *Ambar, 2009.*

9

당신들의 취향, 페란 아드리아의 창조

La déconstruction jusqu'au bout

❖

스타일이란 흥미로운 것이다. 나는 어릴 적부터 지금까지 글씨를 써 오면서 예전에 내가 각각의 알파벳을 어떤 방식으로 썼는지를 기억하고 그것을 재현하려고 굳이 애쓰지 않는다. 그럼에도 사람들은 나의 스타일을 알아본다. 의도하지 않더라도 해를 거듭하면서 내가 쓰는 글씨는 조금씩 변화한다. 스타일이 진화하는 것이다. 그럼에도 사람들은 수많은 글씨체 중에서 내 것을 쉽게 알아볼 것이다. 그 스타일 속에는 일종의 '규칙'이 내재한다. 내가 '사전에' 체계화한 규칙이 아니라 글씨를 쓰는 행위 속에서 저절로 생겨난 것이다. 이 점은 예술적 창조 과정에서도 발견되며 협의의 기술적 작업과 구별하는 기준이 되기도 한다. 이를 처음 지적한 사람은 바로 칸트이다. 규칙을 배우고 그것을 적용하는 행위는 결국 원하는 목적을 달성하기 위한 방법을 모방하는 것과 같다. 이것이 바로 모든 기술의 논리이다. 칸트가 이 모방의 행위를 설명하기 위해 '레시피'[48]라는 용어를 사용한 것은 결코 우연이 아니다. 지난 수세기 동안 여기저기서 새로운 요리들이 등장했지만 결국 요리는 레시피의 문제였다. 페란 아드리아는 창조하기 위해서는 모방하는 일을 그만 두어야 한다는 자크 막시맹의 말에 충격을 받고 평생을 그 원칙 속에서 살았다. 이는 독창적인 작품을 창조한 모든 위대한 셰프들이 걸어온 길이기도 하다. 그러나 페란 아드리아 이전에는 그 누구도 극단까지 그 길을 가 본 사람이 없었다. 다시 말해 한계를 인정하지 않고 끝까지 가 본 사람은 페란 아드리아뿐이었다. 모든 구속에서 해방된 창조성은 맛과 텍스처, 온도의 단순한 변형에서 멈추지 않는다. 요리법 전체의 해체가 가능해지려면 어느 날엔가는 식사의 질서 자체, 선조로부터 물려받은

---

48 recette: '수단', '비결' 등의 뜻도 있다.

식사의 문법 전체를 전복해야만 한다. 페란 아드리아는 이런 전복의 과정을 직접 진행한 후에 그것을 이론화했다. 모든 미학적 창조는 이전까지 자연스러웠던 방식을 장애물로 느끼고 그것을 극복하고자 하는 심오한 욕망에 의해 탄생한다. 이 과정에서 구체적으로 어떤 결과가 나올지는 미리 알 수 없다. 예술가가 자신의 창조 작업을 이론화하는 것은 어렵다. 그러나 페란 아드리아는 작가로서뿐 아니라 관객의 입장에서 그런 노력을 지속했다. 엘불리를 찾는 손님들은 해가 거듭할수록 그곳에서 맛보는 요리들이 페란 아드리아의 개성을 점점 강하게 반영한다는 점을 확인하면서도 이전의 창조적 작업에 대한 끊임없는 갱신에 놀라지 않을 수 없었다. 단순한 미식법을 벗어난 엘불리의 요리가 갈수록 예술의 한 영역이 되어 가고 있지 않은가 하는 질문은 바로 이 놀라움 속에서 제기되었다.

C와 내게는 이것이 식사에 곁들일 와인을 선택하는 문제와 맞물려 점점 큰 곤란을 야기했다. 첫 식사에서는 리아스 바이삭스 필라보아 1994가 모든 메뉴와 잘 어울렸다. 홍합 젤리에서 시작해서 야채 텍스처, 낙지, 파마산 랑구스틴 혹은 푸아그라를 거쳐 코코넛 에어 무스로 끝나는 코스였다. 이듬해 1996년에는 그라나장 리무젱 1991이 캐러멜화한 메추라기 알, 마늘을 곁들인 아몬드 아이스크림, 토마토 텍스처, 푸아그라 무스를 곁들인 아티초크 아이스크림, 랑구스틴, 참치 회, 푸아그라 타탱, 크뤼스타세 가스파초, 코코넛과 커리 소스 넙치 요리 등과 잘 어울렸다. 1998년에는 엘불리에서 두 번 식사할 기회가 있었다. (두 번 모두 인원은 여섯 명이었다.) 첫 번째 식사와 리오하 플라셀 화이트, 두에로 라타모네라 96 레드, 마르티네 프리오라 스위트는 완벽한 궁합을 보여 주었고, 두 번째 식사에서도 잘 어울리는 화이트 와인과 레드 와인을 맛볼 수 있었다. 1999년 식사에서는 플라세 1998, 마타로메라 크리안사 1996이, 2000년에는 리아스 베익사스 알바니뇨와 페네데스 화이

트, 두에로 테오필로 레예스 98, 로버트 파커 93점을 거뜬히 받은 올리바레스 알리칸테 스위트가 식사와 잘 어울렸다. 하지만 2002~2003년 무렵부터 와인이 기분 좋은 식사의 동반자이긴 하지만 이혼한 후에도 적당히 좋은 사이를 유지하는 커플 같다는 느낌이 들기 시작했다. 선택된 와인들의 품질은 의심할 바 없이 좋았지만 차례로 나오는 각 요리들과 와인 어느 쪽도 상대를 더욱 돋보이게 해 주지는 못했다. 그렇다고 우리가 느꼈던 감동이 줄어든 것은 아니다. 당시에는 곧바로 눈치 채지 못했지만 그때부터 어떤 변화의 조짐이 나타나고 있었던 것이다. 페란 아드리아가 진행해 온 미식법의 해체 작업이 새로운 차원으로 진입한 것이다. 그리고 그 대가로 음식과 와인의 궁합은 포기할 수밖에 없었던 것이다.

그때부터 미식법의 개념 속에 와인이 어떤 위상을 차지하는가 하는 질문은 페란 아드리아의 요리가 발전해 나가는 방향에 대한 질문과 밀접하게 연결되었다. 과연 음식과 와인의 조화를 추구하지 않는 미식법은 성립 가능할까? 아시아 요리에서는 물론 가능하다. 하지만 아시아 요리는 프랑스 요리의 골격을 이루는 러시아식 서빙 방식에 따라 구성되지 않는다. 한편 혁신적인 아시아 요리들은 대부분 와인과 관련된 질문을 피해갈 수 없었다. 이를테면 파리에서 활동하면서 페란 아드리아에 버금가는 창조성을 발휘했던 유명 일본 요리 셰프 타케우치 히사유키는 자신의 각 요리에 어울리는 와인을 추천하기도 했다.▪ 파리의 유명한 베트남 레스토랑이나 중국 레스토랑에 가 봐도 보유한 와인의 수준이 갈수록 높아지고 있음을 확인할 수 있다. 어찌되었든 최소한 브리야 사바랭 이후부터, 특히 19세기에 전 세계로 확산된 프랑스 요리에서 음식-와

▪ 예술적, 철학적 성찰로 가득 찬 그의 탁월한 저서를 읽어 볼 것을 권한다. 《Nouvelle cuisine japonaise. Recettes pour le corps et l'esprit》, Agnès Viennot, 2003.

인 궁합은 근본적이고 중심적인 위치를 차지했다.

그러나 단지 조화로운 동반자를 찾는다는 의미에서의 궁합이 아니다. 맛과 텍스처의 조합을 통해 새롭고 강렬한 미각적 즐거움을 창조하는 관계를 찾아내는 게 목적이다. 1992년부터 이 주제와 관련해 독창적인 탐구를 진행해 온 알랭 상드랑은 이를 통해 일종의 "융합과 새로운 통일성"을 획득할 수 있으며, "와인의 향이 만개하고 음식의 맛이 고양된다"■고 말한다. 그는 이 탐구가 "식사의 구성과 형태, 주변 환경, 음식과 와인의 연쇄와도 연관된다. 각 서빙의 전후를 모두 고려해야 한다"고 덧붙인다. 이리하여 우리는 앞에서 잠깐 언급만 하고 넘어갔던 문제의 핵심에 도달했다. 와인이 미식법의 질서 속에서 고유한 자리를 차지하게 되면서 와인 서빙 순서의 논리가 새로운 요리 서빙 순서를 만들어 내기에 이른 것이다. 음식-와인 궁합에 관한 책들을 살펴보면 대부분 바다/육지, 찬 것/더운 것/찬 것, 짠 것/단 것, 음식이 점점 무거워지다가 마지막에 가벼워지는 리듬에 맞추어 와인의 서빙 순서를 고안한다. 이 분야의 탁월한 전문가인 피에르 카자마요르는 자신의 저서에서 "중요한 규칙으로서, 와인 서빙의 진행"■■에 대해 설명한다. "식사가 진행됨에 따라 감각이 무뎌진다. 따라서 점점 강한 맛의 와인을 서빙해야 한다. 화이트에서 레드로, 가벼운 것에서 탄닌 성분이 많은 것으로, 단순한 맛에서 복잡한 맛으로, 젊은 것에서 오래 숙성된 것으로, 드라이한 것에서 스위트한 것으로 진행한다. 음식 서빙의 순서가 이와 잘 맞아야 하는데, 때로는 이 지점에서 해결 불가능한 문제가 발생하기도 한다." 다시 말해, 와인 고유의 서빙 순서가 특정 음식 서빙 순서를 강요하게 될 때도

■　Alain Senderens, 《Le vin et la table》, Revue des vins de France, 1999, 11쪽.
■■　Pierre Casamayor, 《L'école des alliances, les vins et les mets》, Hachette, 2000, 23쪽.

파누엘로 빵과 잣
Pañuelos de pan con piñones, 2003.

있다는 것이다. 페란 아드리아가 와인에 신경을 쓰지 않는다는 말이 나오는 것도 당연하다. 그러나 이는 너무 피상적인 시각이다. 그보다는 페란 아드리아가 무언가 '다른 것'을 창조하기 위해 속박으로 작용하는 규칙들을 부정하고 파괴했다고 보는 편이 맞다. 한편 이와 관련해서 피에르 카자마요르의 책은 페란 아드리아가 음식-와인 궁합과 관련하여 진행한 해체 작업에서부터 시작하여 새로운 결합을 창조하는 데 도움이 될 모든 요소들을 갖추고 있다고 볼 수 있다. 그는 이른바 '결합의 촉매제'catalyseur d'alliance 리스트를 만들기도 했다. 이것에 대해서는 나중에 다시 살펴볼 것이다.

《완벽한 조합L'accord parfait》▪에서 필리프 부르기뇽은 1970년대 중반 와인 전문가 자크 퓌제가 와인들을 먼저 선택한 후에 그에 맞춰서 식사를 구성하자고 제안했던 일을 소개한다. 이는 결코 말도 안 되는 생각이 아니다. 2005년 11월, 피에르 르페름은 그르노블의 한 클럽 창립 20주년 행사에 나를 초대했다. 셰프였던 자크 두이에의 재능과 회원들이 보유한 와인 컬렉션 덕분에 기분 좋은 분위기에서 식사를 즐길 수 있었다. 이 클럽은 바로 자크 퓌제의 제안에 따라 운영되고 있었다. 덕분에 송로버섯 요리(물론 샴페인으로 삶은 것이다)와 크루그 1900 샴페인의 조합이 가능했다. 코르통 샤를마뉴 드 마르트레 1996은 로브스터 몸통 요리와, 바타르 몽트라셰 뒤 도멘 르플레브 1992는 함께 나온 소스와, 피숑 롱그빌 콩테스 드 랄랑드 1982와 슈발 블랑 1985는 구운 자고새 고기 카나페와, 르슈브루 드 르루아 1988, 레야스 1990은 궁정 토끼요리와, 포르토 라모스 핀토 1982는 마르키즈와 좋은 궁합을 이루었다. 엘불리와 별 상관없어 보이는 경험을 이토록 길게 늘어놓은 이유는 음식-와인 조합의 논리가 전통 혹은 현대 미식법의 가능성을 현기

▪ Phillippe Bourguignon, 《L'accord parfait》, Chêne, 1997.

중 나는 높이까지 끌어올릴 수 있다는 사실을 보여 주고 싶었기 때문이
다. 페란 아드리아는 젊은 나이에 이미 미식법의 세계를 한 바퀴 둘러봤
다. 엘불리는 최상의 품질을 자랑하는 와인들을 보유하고 있다. 하지
만 무언가 다른 것을 꿈꾸기 시작했다면? 즉, 지성적이고 감성적인 내면
에 호소함으로써 요리를 완전히 새로운 것으로 변형하고 창조하고자
한다면? 와인 서빙의 규칙과 불가분의 관계를 맺게 된 식사 서빙의 규칙
을 해체하기를 원한다면?

2000년대 초반부터 음식과 와인의 궁합과 관련하여 불편함을 느끼
기 시작하면서 나는 그것을 하나의 문제점으로 간주해야 할지, 혁명을
예비하는 신호로 받아들여야 할지 알 수 없었다. 당시 내게는 심각한 질
문이었다. 이 주제와 관련해서 떠오른 정리되지 않은 생각들을 페란 아
드리아에게 전달하기도 했다. 그리고 몇 년에 걸쳐 그가 메뉴 순서를 구
성하는 방식을 몇 가지 기준에 따라 체계적으로 분석했다. 해산물과 육
산물(양자가 혼합되어 나오는 경우가 많았는데 육산물이 주를 이루었다),
비물질화된 것과 좀 더 물질성이 느껴지는 것, 찬 것, 따뜻하거나 뜨거
운 것, 짠 것과 단 것 등이 분류 기준이었다. 이에 덧붙여 나는 식사의
특정 순간에 다시 등장하는 맛, 혹은 먼저 느꼈던 감정을 상기시키는
맛에 대해서도 연구했다.

그러나 이미 1999년부터 메뉴 전체의 순서를 연구하는 것이 쉽지 않
았으며, 2000년, 2001년을 지나면서 단절과 회귀, 다양한 방식의 놀라
움 때문에 내 연구는 미궁 속에 빠지고 말았다. 2002년 식사 순서가 급
진적으로 전복되면서 이제 음식과 와인 궁합은 부차적인 문제가 되어 버
렸다. 2005년에 이르러서는, 전통적 혹은 현대적 미식법의 기준으로는
더 이상 엘불리 식사 순서의 논리를 찾아내는 게 불가능한 일이 되었다.

나는 몇 가지 가정을 통해 엘불리에서 서른 개의 요리가 서빙 되는 순
서의 (의식적 혹은 무의식적) 논리를 찾으려고 애썼다. **첫 번째 가정**: 반복

적으로 등장하는 몇 가지 맛은 각 요리들을 연결하는 역할을 하는가? 연속적으로 나온 네 개의 요리 중 세 번 등장한 타라곤, 두 번 연속 등장한 모차렐라, 여덟 개 요리 중에 네 번 등장한 코코넛 등이 그 예이다. 하지만 의도적인 것 같지는 않다. 중간에 끼어든 요리들은 이 반복과 전혀 상관이 없었고, 같은 맛이 한참 후에나 다시 등장하는 경우도 많았기 때문이다. 바질의 경우 두 번 연속 등장한 뒤 15분쯤 후에 다시, 그리고 한 시간 반 후에 마지막으로 등장했다. 올리브, 호두, 회향, 생강, 멜론 등도 별다르지 않았다. 결국 논리는 없었다. 다만 동일한 맛이 반복적으로 등장하면서 뒤의 맛이 앞의 맛을 상기하는 역할을 할 뿐이었다. **두 번째 가정**: 해산물과 육산물, 과일과 야채가 나오는 순서 혹은 상호 관계가 존재하는가? 자세히 들여다보면, 식사 중간에 고기 요리들이 해산물 요리를 전후해서 등장하는 경향이 있음을 알 수 있다. 과일이나 야채만으로 이루어진 요리들은 대부분 식사 시작 혹은 끝에 집중된다. 하지만 예외도 존재한다. **세 번째 가정**: 찬 것/더운 것과 관련된 논리가 존재하는가? 별로 없어 보인다. 식사 시작과 끝에 찬 것이 나오기는 하지만 중간에도 등장하는 것이 사실이다. 따라서 일정한 체계 없이 양자가 번갈아 나온다고 봐야 한다. **네 번째 가정**: 비물질화의 감각을 경험하게 해 주는 요리와 물질성이 좀 더 강한 요리 사이에 어떤 형태로든 질서가 존재하는가? 마찬가지이다. 번갈아 등장할 뿐이다. 비물질화된 요리들이 식사 시작과 끝에 나오는 경향이 있긴 하지만 중간에도 얼마든지 등장한다. **다섯 번째 가정**: 아마도 유일하게 설득력 있는 가정일 것이다. 페란 아드리아가 놀라움의 효과를 감소시키지 않는 방향으로 이 모든 논리들을 조합했을 것이라는 가정이다. 그 속에는 어떤 순서도 존재하지 않는다. '프랑스식' 식사도 아니고 단순한 '타파스' 문화라고 보기도 힘들다. 그러나 텍스처, 온도, 각 맛의 조합 속에 테크닉과 시간 측정과 관련하여 놀라울 정도의 치밀함이 숨어 있다. 음식이 제

때 나오는 것으로는 부족하다. 불과 몇 초 사이에 모든 일이 벌어진다. 요리를 맛보며 놀라는 순간뿐 아니라 다음의 놀라움을 기다리는 순간도 중요하다. 엘불리의 메뉴를 현대음악 악보 혹은 영화 시나리오에 자주 비교하는 것도 무리가 아니다. 이 속에서는 리듬의 단절 역시 리듬의 일부가 된다.

좀 더 자세히 살펴보자. 2005년 우리는 엘불리에서 찬 것/더운 것/찬 것/더운 것/찬 것의 리듬이 반복되는 것을 발견했다. 각 리듬 속에 여러 개의 요리가 포함될 때도 있었다. 이 중에서 처음 두 단계에 해산물이 나왔고, 그 후에 육산물이 두 번 짧게 등장했다. 동시에 맨 첫 단계에서 비물질화된 요리와 물질성이 있는 요리가 번갈아 나왔고, 다음 두 단계에서는 비물질화된 요리가 나왔다. 그때부터 거의 마지막까지는 물질성이 있는 요리 일색이었다. 이를테면 모든 가능한 조합이 다 등장한 것이다! 해가 거듭될수록 페란 아드리아는 미식법의 전통적 순서뿐 아니라 규칙을 강요하는 모든 종류의 질서를 해체했다.

2008년에 이르러 이 과정이 완성됐다. 이제 식사 중반까지 비물질화된 요리와 물질성이 있는 요리가 번갈아 가며 등장하다가 후반부터는 비물질화된 요리가 연속적으로 나왔다. 그 사이에 두 번 물질성이 있는 요리가 잠깐 등장했을 뿐이다. 처음 3분의 1 단계까지는 육산물이 주를 이루었고, 그 후부터는 해산물과 번갈아 가며 나왔다. 해산물 요리는 전체 흐름 속에서 고립된 강조점 같은 역할을 했다. 이 과정 전체에 걸쳐 찬 것과 더운 것은 번갈아 가며 나왔다. 전반부는 찬 것이 좀 더 길게 등장했고 후반부에는 더운 것이 더 자주 등장했다. 그리고 메뉴 전체에 걸쳐 다양한 야채, 씨앗, 꽃, 해초, 풀 등이 체계적인 방식으로 등장했다. 브루노 만토바니가 제대로 보았다. 모순과 놀라움, 새로운 조화에 대한 탐구로 가득 한 엘불리의 요리는 전통적인 작곡법에서 현대적인 작곡법으로 전환한 것에 비교할 수 있었다. 하지만 당연하게도 음식-와인 궁합과 관련된 모든 규칙들, 방법들, 가능성들이 불가능해졌다. 2002년부터 느끼기 시작하여 갈수록 커져만 갔던 그 불편함은 한마디로 미래에 도래할 전복의 징후 같은 것이었다. 페란 아드리아는 식사 순서 자체를 재발명했다. 따라서 전통적인 식사 순서와 불가분하게 연결된 와인의 서빙 순서를 계속 고수한다는 것은 불가능했다. 미식가들이 일반적인 의미에서의 '가스트로노미'와 단절을 표방하는 시도들을 쉽게 신뢰하지 못하는 이유도 이 때문이다. 정녕 요리가 예술로 진입하기 위해서는 음식-와인 궁합의 풍부한 조합들을 포기하는 수밖에 없는 것일까?

이 상황을 돌파할 수 있는 방법이 있지 않을까? 식사 전체에 카바나 샴페인을 곁들이면 어떨까? 이와 다른 방법들도 분명 있겠지만 그 선택은 손님들보다는 페란 아드리아와 훌리 솔레르의 손에 달려 있다. 요리의 내용과 서빙 순서를 재발명했듯이 엘불리만의 와인 서빙 방식을 창조한다면 어떨까? 음식-와인 궁합, 특히 그 양자의 '결합을 촉진하는 매개'로서의 부재료들에 대한 카자마요르의 예리한 분석들이 도움이 될 것이다. 그렇게 할 경우 앞에서 예로 든 2005년, 2008년의 메뉴가 어떤 모습을 띠게 될지 상상하는 것도 재밌을 것 같다. 특정 요리에 두세 모금 분량의 와인을 곁들임으로써 본래의 효과를 강조하는 새로운 조합을 만들어 낼 수 있을 것이다. 대여섯 가지 정도의 와인이면 충분할 것이다. 그 사이사이에 특별한 차나 음료, 탄산이 들어가거나 들어가지 않은 미네랄워터 등을 서빙해도 좋을 것이다. 물론 조화를 추구하든 대비를 강조하든 매번 가능한 조합은 여러 가지가 있을 것이다. 이미 존재하는 문화적 다양성을 이용한다면 음식과 와인의 무수한 조합이 가능할 것이다. 하지만 아무 와인과 아무 음식이 어울릴 수는 없다. 이런 원칙을 염두에 두고 우리는 엘불리에서 가능한 조합을 상상해 볼 수 있을 것이다.

2005년 메뉴를 예로 들어 보자. 홍합, 송로버섯 브리오슈와 함께 알바리노 드 갈리스(혹은 슈발리에 몽트라셰 드 도멘 르플레브!)를, 그런 후

코스모폴리탄 멜로우 *Cosmopolitan malow*

에 곧바로 에글리에르 드 몽페루나 방돌 비바르농을 아티초크와 검은 올리브와 곁들이면 좋았을 것 같다. 샤토-샬롱은 호두, 사과, 타라곤 소스와 함께 나온 호두에, 상세르 드 샤비뇰 드 프랑수아 코타는 푸아 그라, 일본 버섯, 아몬드 시피옹과 좋은 궁합을 이루었을 것이다. 생강, 고수를 곁들인 코코넛 스파게티의 경우는 차를 마시거나 리즐링 움브레 히트를 곁들였으면 좋았을 것이다.

이번엔 2008년 메뉴로 가 보자. 마콩 피에르클로 르 샤비뉴 드 귀팡은 카르보나라와, 루에다 화이트 혹은 리아스 베익사스는 토마토-햄과 이어서 나온 무 쿠스쿠스 성게 요리와 잘 어울렸을 것이다. 아스파라거스-투롱-달걀은 예클라와, 민트가 들어간 가짜 완두콩은 녹차와 잘 맞았을 것이다. 물을 몇 잔 마신 후에 사과-카시스 젤리, 산토끼 육즙과 송로를 리베카 델 두에로, 레야스 혹은 볼네와 함께 즐길 수 있었을 것이다. 마지막으로, 커피 크림과 '헤이즐넛-스펀지'와 함께 나온 송로 아이스크림은 돔 페리뇽 혹은 볼랭제 스페셜 퀴베와 좋은 커플을 이루었을 것이다.

고대부터, 특히 19세기 초반 유럽에서부터 이미 와인은 식사의 일부가 되었다. 그러나 다른 문화권에서는 식사를 할 때 차나 사케, 혹은 물이나 라키[49] 등을 곁들인다. 한편, 서양의 전통 혹은 현대 미식법에서 그토록 신경을 쓰는 음식-와인 궁합은 단지 음식에 어울리는 와인을 '곁들인다'는 차원 이상을 추구한다. 앞에서 봤듯이, 음식과 와인 양쪽 모두의 격을 높임으로써 더 높은 수준에서 통일을 이루는 것이 최종 목적이다. 이런 의미에서 본다면 엘불리와 관련하여 음식-와인 궁합의 문제를 제기하지 않는 것은 엘불리의 혁명이 가스트로노미의 근본적인 차원을 포기했기 때문에 가능했다고 인정하는 것밖에 안 된다. 나는 그렇지 않

---

49 근동 지역의 증류주.

을 것이라고 믿는다. 페란 아드리아가 '재구성'한 식사의 특정 순간에 와인이나 음료를 곁들이는 방법의 경우의 수는 수없이 많을 것이다.

　새로운 예술, 새로운 문법, 새로운 구성, 새로운 조합, 어느 쪽이든 엘 불리는 와인을 포기하는 것이 아니라 새롭게 재구성된 식사 순서에 맞추어 음식-와인 조합을 재발명해야 한다. 그러나 아쉽게도 페란 아드리아는 이 질문을 비켜감으로써 창조적 작업을 끝까지 밀어붙이지 못했다. 이 와인의 문제 때문에 페란 아드리아는 가스트로노미의 영역에서 배제되어야 하는 것일까? 가스트로노미gastro+nomie라는 말의 본래 뜻을 그대로 받아들인다면 그렇게 생각할 수도 있다. gastronomie의 nomie는 'nomos', 즉 '법'을 뜻한다. 그런데 페란 아드리아가 해 온 모든 노력은 결국 이 법을 해체함으로써 음식을 예술의 영역으로 진입시키려는 시도였다.

　그럼 손님들의 경우는 어떨까? 그들의 기대, 그들의 취향은 여전히 중요한가? 어떤 의미에서는 그렇다. 하지만 역설적인 의미에서만 그렇다. 엘불리의 손님들은 놀라움을 기대한다. 다시 말해 자신들이 예상할 수 없는 것을 기다린다. 결국 답은 '아니요'이다. 관건은 아직 존재하지 않는 무언가를 창조하는 것이고, 따라서 그것을 미리 기다린다는 것은 불가능하기 때문이다. 칸트가 말한 '천재'는 바로 이런 독창적인 작품을 만들어 낼 수 있는 능력을 가리킨다. 물론 독창적이라고 해서 아무것이나 만들어도 된다는 말은 아니다. 모방이 아닌 창조적 영감의 원천으로서 새로운 규칙을 창조해야 한다는 말이다. 예술적 창조는 취향(맛)의 변형 속에서만 가능하다. 이 시점에서 오래된 이야기를 하나 꺼내야 할 것 같다. 바로 주문에서 창조로 넘어가는 전환의 역사이다.

10

주문에서 창조로

De la commande à la création

❖

2011년 7월 30일 한 레스토랑이 문을 닫았다. 나는 앞에서 그 레스토랑의 존재가 어떤 의미에서 하나의 독창적인 시도를 대변하는지 설명하려고 애썼다. 그런데 그 레스토랑은 문을 닫는 방식에서도 결코 평범하지 않았다. 수백만 명의 사람들이 수년 전부터 이곳에 테이블을 예약하려고 기다리던 터였다. 가격을 두 배나 세 배쯤 올려도 빈자리가 생길 일은 없었을 것이고, 전 세계 곳곳에 수십 개의 엘불리를 개점할 수도 있었을 것이다. 그러나 페란 아드리아는 세계 최정상 자리에 등극한 엘불리의 문을 닫기로 결정했다. 스타 셰프들이 비행기를 타고 세계 곳곳을 누비며 굳이 주방에 들어가지 않고도 레스토랑 여러 곳을 경영하는 시대에, 7km에 이르는 길을 한참 달려야 도착하는 칼라 몬트호이의 외만 곳에서 작업하는 이 예술가는 오히려 레스토랑의 문을 닫겠다고 나선 것이다. 사실을 말하자면, 페란 아드리아는 이미 10여 년 전부터 주위 사람들에게 오직 창조에만 몰두하기 위해 안식년이 필요하다고 말해 오던 터였다. 그래서인지 나는 이 소식에 큰 충격을 받지는 않았다. 나는 곧바로 1970년 봄 비틀즈의 해체 소식을 들었을 때를 떠올렸다. 비틀즈의 음악을 사랑하는 이들에게는 청천벽력 같은 소식이었지만 그들의 결정은 멋진 행동으로 받아들여지기도 했다. 그들이 그러한 결정을 내린 이유에는 미학 혹은 세계관과 관련된 이유들도 있었기 때문이다. 그들은 정상에 올라 부와 명예를 누렸지만 장사꾼이 되고 싶지는 않았으며 대중들이 단지 그들의 음악을 좋아해 준다는 이유 하나만으로 활동을 계속하기를 원하지도 않았다.

페란 아드리아가 엘불리의 문을 닫겠다고 결정했을 때, 엘불리는 세계 최고의 레스토랑으로 대접받고 있었다. 엘불리에 저녁 식사 예약을 하고자 하는 사람만 250만 명에 달했고 그중에서 다음 시즌에 행운을 누릴 수천 명을 선별해야만 했다. 매니저 홀리 솔레르의 직관력, 취향, 재능이 있었기에 모든 게 가능했다. 엘불리가 명성을 얻게 된 것도, 1년 중 6개월 동안 저녁 식사만 제공하기로 한 것도, 엘불리의 문을 닫기로 결정한 것도 그에게 빚진 바 크다. 홀리 솔레르는 매우 빠르게 본질을 이해했다. 예술가는 자신의 창작 활동이 작품으로 벌어들이는 돈에 의존하는 한 창조를 계속해 나갈 수가 없다. 늘 이런 고민에 빠져 있으면 대중의 취향에 영합할 수밖에 없다. 요리사의 경우 손님들이 이미 좋아하는 입맛에 맞출 수밖에 없는 것이다. 이런 문제에서 자유로운 요리사가 과연 있을까? 모든 장사는 다 비슷한 법이다. 우선 시장이 있고, 틈새 혹은 이미 존재하는 목표를 찾아내고, 특정 수요에 맞는 것을 공급하는 것이다. 이것이 장사의 보편적 원리이다. 이것 없이 수요를 만족시킬 방법은 없다. 따라서 우선 어떤 수요가 있는지를 파악해야 하고, 그 수요를 만족시킬 수 있는 것들을 생산해야 하고, 그러기 위한 '수단'을 갖추어야 한다. 홀리 솔레르와 페란 아드리아에게는 엘불리 외부에서 (책, 방송, 오일, 호텔 등) 수입을 창출하는 게 관건이었다. 즉, 엘불리의 순수한 창조적 작업에 방해가 되지 않는 한에서 엘불리의 유명세를 이용해 돈을 벌어들이자는 생각이었다. 요리 외부의 상업 논리를 이용해 내부의 상업 논리와 단절한 이들의 시도는 그 자체로 매우 중요한 의미가 있다.

브루노 만토바니가 시장의 논리에 따라 곡을 쓰는 작곡가였다면 엘불리에서 맛본 식사를 〈환상의 책〉이라는 작품으로 만들 생각을 하지는 못 했을 것이다! 마찬가지로 모네와 피카소 역시 장사꾼들의 구미 맞추는 데 혈안이 되어 우리의 시각을 혁명적으로 뒤바꾸어 놓는 일 따위는 엄두도 내지 못했을 것이다. 니콜라 드 스타엘은 젊은 시절 자신을 걱정하는 아버지에게 보내는 편지에 다음과 같이 썼다. "저는 다른 화가들이 그들의 후원자의 마음에 드는 작품만을 만든다는 사실을 알고

상그리아 드롭스 *Pastilla helada de sangria, 2001.*

있습니다. 저는 제가 그렇게 살 수 없음을 또한 알고 있습니다." 그리고 죽음을 얼마 남겨 놓지 않은 시점에 다음과 같이 썼다. "사람들이 제 그림을 좋아하는 이유 혹은 좋아하지 않는 이유 따위에는 관심 없습니다."■ 모차르트는 어떤가? 그는 주문 받은 작품 대신 아무도 원하지 않

■ Nicolas de Staël(Pierre Daix 편), 《Lettres》, Ides et Calendes, 1998, 34쪽, 126쪽.

굴 메렝가다 *Ostra merengada*, 1995.

는 곡들을 미친 듯이 써서 아버지와 아내를 실망시켰다. 사람들은 한 가지 사실을 너무도 자주 잊는다. 불과 3세기 전만 해도 유럽의 예술가들은 현대 예술가들이 누리는 지위를 꿈도 꾸지 못했다.

　화가, 조각가, 음악가들은 권력자, 성직자, 부호들을 위해 창작했다. 즉 순수한 의미의 미학적 목적과는 거리가 멀었다. 오늘날 우리가 장인匠人·artisan과 구별하는 예술가artiste들은 당시 전혀 다른 활동에 종사했다. 그들은 신을 찬양하고, 제의나 미사를 돕고, 권력자들을 칭송하기 위해 창작했다. 심지어 운명을 마술적으로 바꿔 보려는 목적이 개입하기도 했다. 훌륭한 예술가란 기술적 재능이 뛰어난 사람을 가리켰다. 그들의 작품은 기술 공예arts et métiers, 장인이라는 말에서 보듯 '제작 기술'에 의해 평가되었다. 공식적인 표준과 규칙에 맞추어 주문된 것을 생산하는 실용적인 활동 속에서 그들은 '미학적 창조' 작업을 해 나갔다. '미술'beaux arts 혹은 예술가artiste라는 표현도 여기서 비롯된 것이다. 예술가들이 주문에 따라 작품을 만드는 한―거의 18세기 후반까지―기술적 측면과 예술적 측면을 분리해서 바라보는 것은 몇 가지 독특한 예외들을 제외하곤 쉽지 않은 일이었다. 회기들은 작곡가들이 미사곡을 써야 했듯이 '십자가 행로'나 '성모 마리아'를 그려야 했다. 주문에 부응한다는 것, 다시 말해 특정 규범과 일반적인 취향에 맞춘다는 것은 레시피 그대로 혹은 그 한계 내에서 창조성을 발휘한다는 말과 같았다. 물론 사회적 맥락, 규칙, 기대를 떠난 창작이란 불가능하다. 어떤 종류의 주문도 레시피도 없는 '예술계'란 존재하지 않는다. 그러나 예술적 창조는 이미 존재하는 요소들에 반하여 진행되기도 한다.

　'주문'과 '레시피', 이 두 단어는 요리나 레스토랑에 대해 이야기할 때 항상 키워드가 된다. 요리사는 자신만의 개성과 창조성으로 손님들이 좋아할 만한 요리를 만들어 내야 한다. 그러지 못하면 손님은 끊기고 수입도 줄어 레스토랑 문을 닫아야 한다.

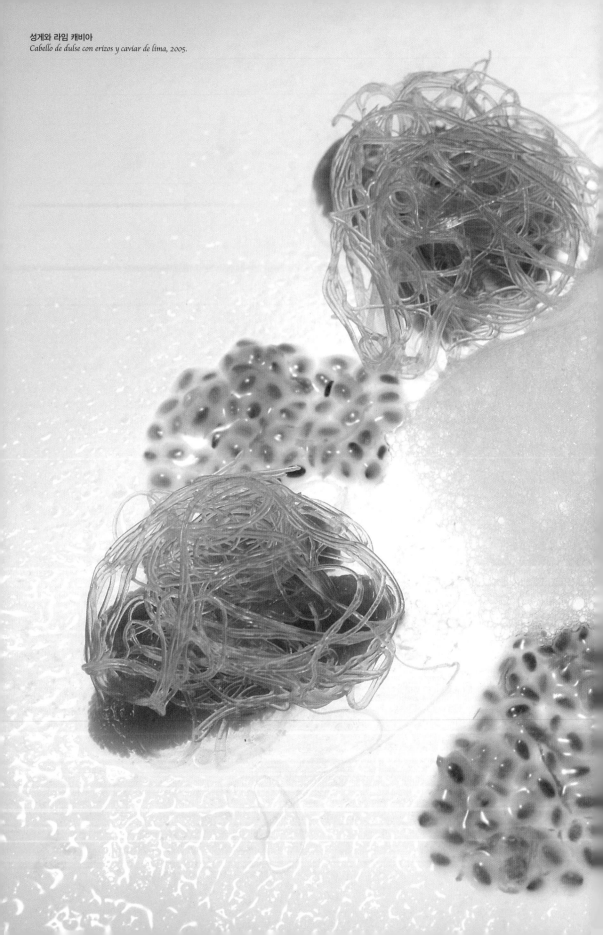

성게와 라임 캐비아
Cabello de dulse con erizos y caviar de lima, 2005.

요리는 또한 레시피의 문제이기도 하다. 즉, 손님들의 입맛에 맞는 요리를 만들어 내는 것을 목적으로 하는 기술의 문제이다. 흔히 손님은 왕이라고 한다. 레스토랑에서 무엇을 어떤 순서로 먹을지 결정하는 것은 손님이라는 뜻이다. 손님이 '주문한다.' 프랑스식 서빙의 시대에는 달랐지만, 프랑스 혁명의 여파로 고급 레스토랑들이 늘어나고 러시아식 서빙이 일반화되면서 그렇게 되었다. 이제 가스트로노미는 주문과 레시피, 손님들의 입맛, 특정한 식사 순서 등과의 관련 속에서만 존속하고 발전할 수 있게 되었다. 이에 덧붙여 음식과 와인의 다양한 조합 덕분에 놀라운 성과들이 가능했으며 이 질서가 오랫동안 유지될 수 있었다.

이런 맥락에서 요리사들은 당연히 자신을 예술가보다는 장인으로 간주하는 경향이 있었다. 대중들 앞에서 우스꽝스러울 정도로 장인의 이미지를 강조하는 이들도 있었다. 페란 아드리아 역시 다른 이들과 마찬가지로 요리사라는 직업과 단 한 번도 연결되어 본 적이 없는 이 '예술가'라는 칭호를 거부했다. 피카소가 그토록 존경해 마지않던 아프리카 조각상을 만든 이들, 고전주의 시대 음악의 거장들, 교회와 성, 아름다운 저택들에 그림을 남긴 화가들은 분명 자신들의 재능을 잘 알고 있었을 것이다. 그러나 그들은 모두 규범화된 주문에 맞추기 위해 창작한 것이다. 창작을 위해 창작한 것이 아니라는 말이다. 그들의 작품은 전시장이나 미술관을 찾은 관객들에게 보여 주기 위해 만들어진 것이 아니다. 이 작품들은 당시에는 무언가 다른 목적을 위해 만들어졌다. 그 작품들의 창조성이 갖는 순수한 예술적 차원을 가늠하는 작업은 한참 시간이 지난 후에나 가능했다.

이 책이 던지는 가장 근본적인 질문은 다음과 같다. 페란 아드리아 덕분에 처음으로 요리는 이 논리[50]에서 벗어나 미술beaux arts이라고 할

---

50 주문 생산.

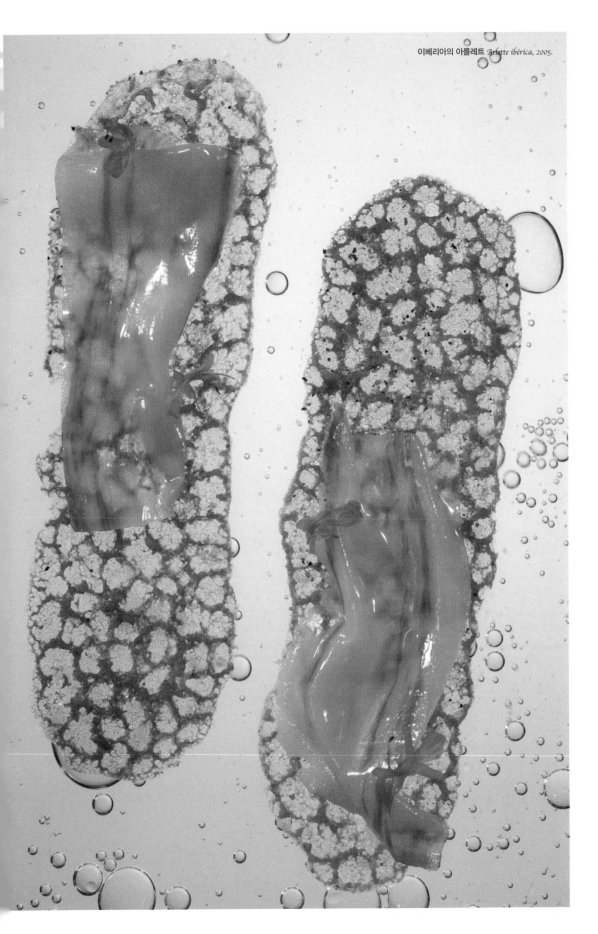

이베리아의 아를레트 *Arlette ibérica*, 2005.

때의 순수예술art이 되었는가? 정말로 페란 아드리아가 '최초'인가? 이런 유의 질문에 확실한 답을 구하는 건 불가능할지도 모른다. 이를테면 어느 시대 어느 곳에선가 이런 욕망을 느끼고 실행에 옮겼지만 여건이 맞지 않아 더 멀리까지 나아가지 못하고 중도하차한 선구자가 있을 수도 있다. 1992년 43세의 나이로 일찍 세상을 뜬 헨트의 레스토랑 '아피시우스'Apicius의 셰프 빌리 슬라빈스키도 그런 경우였을지 모른다. 그의 요리 세계를 접해 본 이들 중에는 그가 진정한 혁명을 이루었다고 믿는 이들이 많다. 게라르, 상드랑, 지라르데, 브라스, 갸네르, 트루아그로 등에서 영향 받고, 일본, 인도네시아, 아프리카 요리에서 영감을 얻은 슬라빈스키는 페란 아드리아와 미학적 관점에서 깊은 교류를 나누었다. 그는 특히 피카소가 "아프리카 미술, 고전적인 스케치, 현대미술 등 다양한 것들을 자기 것으로 만드는 방식"을 좋아했다.▪ 심지어 끊임없이 새로운 영감의 원천을 찾아가는 과정에서 피카소처럼 자신도 청색시대, 입체파 시대를 겪었다고 말할 정도였다. 그 말고도 창조의 여정에서 만난 장애물에 굴복해 중도하차한 셰프들이 틀림없이 있었을 것이다. 명성을 얻지 못해 파산하거나 손님들의 입맛과 너무 동떨어진 요리를 내놓았을지도 모른다. 흙과 자갈로 뒤덮인 길을 7km나 따라가야 나오는 인적 없는 바닷가 레스토랑에서 세계 요리를 혁신하겠다고 나선 페란 아드리아와 훌리 솔레르 같은 이들을 누가 처음부터 관심 있게 지켜보겠는가?

수천 년 전부터 존재해 온 장인들, 상인들과 마찬가지로 요리사는 자신이 만든 작품의 주인을 자처할 수 없었다. 그 요리는 손님이 '주문한' 것이기 때문이다. 이는 간단한 문제가 아니다. 요리가 '독창적인 작품'이 될 수 있으려면 그 요리에 매료된 손님들을 필요로 하지만 동시에 그

▪ Benoît Peeters, Vers la cuisine pure, 《Conséquence》, n°2, 1984년 겨울.

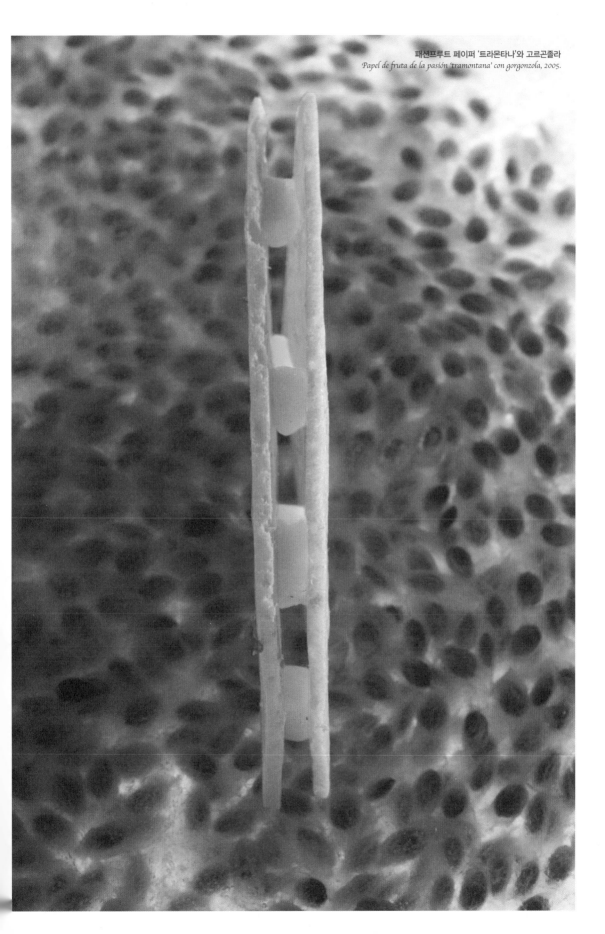

패션프루트 페이퍼 '트라몬타나'와 고르곤졸라
Papel de fruta de la pasión 'tramontana' con gorgonzola, 2005.

들의 기대를 충족시키려는 의도를 배제해야 한다. 하나의 '예술계'가 필요하지만 동시에 이 세계의 현 상태를 뛰어넘기 위해 노력해야 한다. 손님들에게 단지 기쁨을 선사하는 데 머무르지 않고 새로운 형태의 기쁨을 창조해야 한다. 감성을 포착하는 동시에 오성의 자기 성찰을 유도해야 한다. 이 모든 조건들은 서로 모순적으로 얽혀 있다. 예술이 되기 위한 기준들을 만족시키기 위해서는 어쩔 수 없이 이 모순을 감내해야 한다. 일종의 악순환이다. 페란 아드리아는 운 좋게도 창조, 조직, 경영을 위한 좋은 조건들에 덧붙여 인내심과 인복까지 갖춘 덕택에 최초로 모순을 극복하고 이 기준들을 만족시키는 데 성공한 것이다.

어떤 종류의 장애물들이 이 과정을 방해하는 것일까? 먼저 성 아우구스티누스가 《고백록》에서 처음으로 지적한 시간성時間性 · temporalité의 문제가 있다. 우리가 시간과 맺는 관계는 언제나 역설적이다. 정의상, 과거는 더 이상 존재하지 않으며 미래는 아직 존재하지 않는다. 그리고 현재는 둘 사이에 지속 없이 존재하는 점에 불과하다. 한마디로 시간 밖에서 영구히 움직이는 영원한 현재가 존재할 뿐이다. 이 현재는 과거에 대한 현재의 기억으로서 과거를 포함하고, 미래에 대한 현재의 기다림으로서 미래를 포함한다. 파스칼은 《팡세》에서 "우리는 항상 우리의 것이 아닌 시간에 살고 있다"고 말한다. 요리 얘기를 하면서 왜 형이상학적인 질문 속을 헤매는지 궁금해 하는 독자들을 위해 다시 본래 주제로 돌아오겠다. 우리의 현재는 실현된 과거이므로 현재 우리의 입맛은 항상 과거와 연결될 수밖에 없고, 따라서 새로움의 출현에 방해가 될 수 있다. 이는 모든 예술가들이 겪어 온 어려움이다. 우리의 '프로젝트'projet(말 그대로, 우리 자신을 앞으로, 즉 미래 속으로 던진다는 뜻)는 항상 과거의 재현을 바라는 경향을 띨 수밖에 없다. 우리 속에 숨겨진 과거는 자신의 형상으로 미래를 구현하도록 우리를 이끈다. 우리는 일종의 감옥에 갇혀 있는 셈이다. 우리의 현재 취향(입맛)은 자연스럽고 당연한 것처럼 보인다. 그 취향에 부합하는 것들이 우리에게 즉각적인 즐거움을 주기 때문이다.

사실상 이런 식으로 우리는 이미 존재하는 것들과 우리의 현존재 속에 갇힌 수인囚人으로 살아가면서 피상적인 즐거움에 만족해 버리는 것이다. 그러나 인간이 자유로워지는 것은 기존의 자신과 다른 무엇이 '될' 때, 현재의 자신을 만든 과거와 단절할 때, '혼란과 놀라움 속에서 자신을 재창조할 때', 늘 존재해 오던 방식에서 벗어날 때이다. 이 '다른 것이 되기'야말로 철저하게 인간적인 행동이다. 이처럼 고양된 기쁨을 상징적인 방식으로 체험하게 해 주는 것이 바로 예술의 역할이다.

그러나 요리는 다른 예술 장르들과 전혀 다른 방식으로 이 과정을 구현한다. 19세기에 니체는 통일적이면서 동시에 모순적으로 존재하는 두 개의 미학적 세계를 구별했다.▪ 우선 아름다운 형태를 추구하는 '아폴론적 세계'가 있다. 이 세계에서는 모든 종류의 난폭한 충동에서 벗어난 절제의 정신과 지혜 위에 조형예술이 구축된다. 이 예술은 우리 각자를 개별 존재 속에서 휴식하게 해 준다. 페란 아드리아의 요리가 선보이는 조형미는 '아폴론적'이지만 그것은 매우 짧은 시간 동안만 지속된다. 다른 한편에는 '디오니소스적 세계' 혹은 도취의 세계가 있다. 이 세계는 자기 망각, 인간과 자연의 화해, 집단을 통한 개인의 초월 위에 음악과 무용, 시를 창조한다. 이 예술이 우리로 하여금 자신을 돌아보도록 만든다면 그것은 끊임없는 변화 속에 더욱 쉽게 몸을 맡기기 위해서이다. 요리 예술은 오직 일시적인 방식으로만 '아폴론적'일 수 있다. 그러나 접시는 곧바로 비워지고 그 위에는 몇몇 색깔의 흔적만이 남을 뿐이다. 그렇다면 요리 예술은 '디오니소스적'인가? 이것이 사전에 계획된 모든 종류

▪ Nietzsche, 《Naissance de la tragédie》, §1. [니체 저, 이진우 역, 《비극의 탄생·반시대적 고찰》, 책세상, 2005.]

의 레시피, 악보, 안무의 제거를 의미한다면 꼭 그렇다고 볼 수도 없다.

그렇다면 요리 예술은 재즈와 같은 종류의 예술일까? 재즈는 즉흥적인 방식으로 시간의 흐름 속에 사라져 버리는 한시적인 질서를 만들어 낸다. 이 과정에서 이미 존재하는 어떤 작품과도 다른 작품이 '창조되며', 시간이 지난 후에만 그 질서가 파악될 수 있는 무엇이 '된다'. 페란 아드리아의 작품은 재즈와 닮았으면서 동시에 다르다. 재즈는 한 번 연주되면 다시는 반복할 수 없는 성격을 띠지만, 오늘날에는 그것을 쉽게 녹음할 수 있으며 심지어 '나중에' 악보를 만들 수도 있다. 어쨌든 무언가 남는 것이다. 그러나 요리 예술의 경우 우리는 그것을 파괴함으로써만 향유할 수 있다. 접시 위에 남은 흔적, 사진, 레시피, 기억, 그 어떤 것도 맛을 보는 그 순간의 감각을 온전히 복원해 내지 못한다. 그 사실을 분명히 인식했던 페란 아드리아는 모든 레시피들, 실패했거나 성공한 실험들, 요리 사진, 기사와 방송 자료, 책 등 모든 것을 기록으로 남겼다. 하지만 그것만으로는 불충분하다. 요리 예술만큼 일시적인 예술은 아마도 없을 것이다.

예술은 우리에게 특정한 시간 감각을 요구한다. 페란 아드리아는 가장 극적이면서 심오한 방식으로 이런 시간 감각을 전복하는 데 성공했다. 가짜 외양, 예기치 못한 맛과 질감이 불러일으키는 놀라움과 경이, 전통적인 식사 순서의 파괴, 웃음의 순간 등 이 모든 것들은 우리의 감각과 음식 사이에 시간적인 매개가 되어 준다. 이 덕분에 우리는 우리 자신을 돌아보고, 성찰을 시작하고, 일상적인 형태를 초월한 기쁨을 느낄 수 있다. 이 모든 것들 속에서 예술은 창조의 창조, 현재라는 시간성의 극복으로 정의된다.

페란 아드리아의 요리가 프랑스의 가스트로노미를 뛰어넘었는가를 논하는 것은 바로 이런 이유 때문에 무의미하다. 엘불리의 작업 때문에 프랑스의 가스트로노미가 위협받을 일은 없다.

올리브 비스킷과 소브라사다 *Galleta de aceite con sobrasada, 2011.*

밤 니뇨야키 *Ninyoyaki de castañas, 2005.*

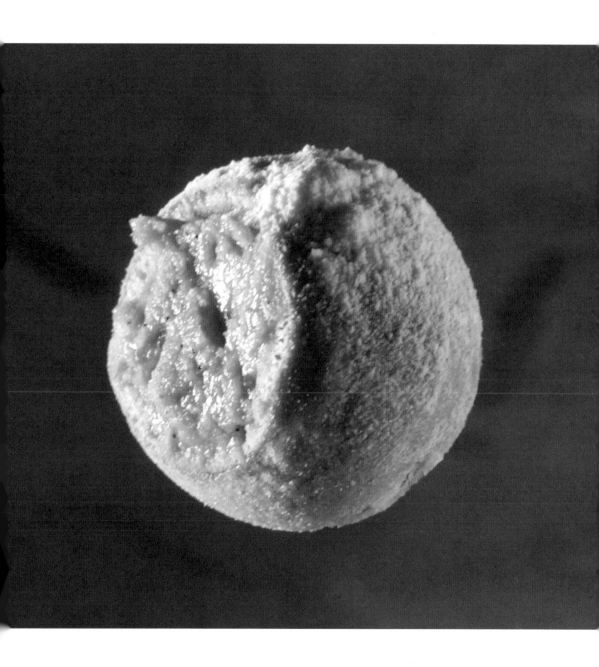

이제 다소 애매할지라도 미식 요리의 위대한 셰프들과 '요리의 예술가들'을 구분할 필요가 있다. 물론 복수형으로서 이 예술가들(페란 아드리아로부터 자극받은 전 세계의 수많은 요리사들)은 이미 세계 곳곳의 레스토랑에 많은 영향을 미치고 있다.

이 창조적인 길은 이제 한계에 봉착한 것일까? 그래서 엘불리도 문을 닫는 것일까? 페란 아드리아는 2년 간 엘불리의 문을 닫겠다고 결정했다. 대신 그는 재단을 세우고 사람들을 놀라게 할 새로운 일들을 꾸밀 것이다. 그는 새 모델을 창조할 뿐 아니라 아틀리에에서 바느질까지 해야 하는 패션 디자이너처럼 사는 것에 지쳤다고 했다. 따라서 이번 결정은 그의 예술적 여정의 끝이 아니라 새로운 출발을 알리는 신호이다.

그래서 마드리드에서 기자들이 왜 엘불리의 문을 닫기로 했는지 물었을 때 "문을 닫는 게 아니라 바꾸는 것이다!"라고 대답한 것이다. 나는 이런저런 질문을 스스로에게 던져 보고 여러 번을 망설인 끝에 과거와 미래의 혁명 사이에 놓인 이 시기가 요리 예술에 대한 몇 가지 철학적 성찰을 책으로 펴내기에 시의적절하다는 결론에 도달했다.

동결건조 오리 푸아그라와 흑설탕 소금
Carbón helado de foie-gras de pato con sal de azúcar mascabado, 2003.

페란 아드리아의 앙트르메

Les entremets de Ferran Adrià

감각/감정/이해

창조적인 감정은 어떤 가치가 있는가? 우리가 수년 전부터 찾고자 한 것이 바로 이 질문에 대한 답이라는 생각이 든다. 손님들도 모두 공모자가 되어 우리와 함께 마술적인 순간이 탄생하기를 기다린다.

모방/창조

창조의 순간에 가장 중요한 것은 정직함이다. 정직함은 창조성의 본질에 속한다. 정직하기 위해서는 또한 세계 곳곳에서 어떤 것들이 만들어지고 있는지 알아야 한다. 몰랐다는 말로 용서받을 수는 없다. 다른 요리사의 요리로부터 영감을 얻거나, 다른 사람이 이룬 중요한 기술적, 개념적 혁신을 응용한 요리를 창조했을 때 그 사람의 이름을 인용하는 것은 의무에 속한다. 충분히 수정을 가한 덕분에 군이 원본을 떠올릴 필요가 없어졌다고 해도 마찬가지이다.

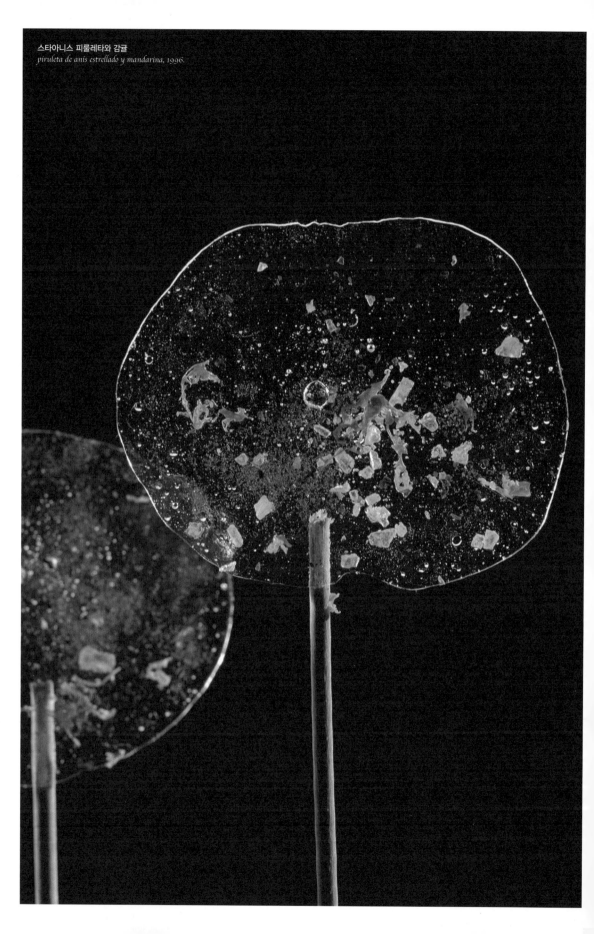

스타아니스 피룰레타와 감귤
piruleta de anis estrellado y mandarina, 1996.

진실/환상

진실은 존재하지 않는다. 창조자는 자신만의 고유한 진실을 찾는다. 유일한, 최상의 진리란 없다.

환상이라는 말에는 이중의 의미가 있다. 우선은 무언가 다른 것을 보여 주고자 하는 의도를 말한다. 이는 마치 놀이와도 같다. 환상을 창조하고, 진실을 가리고, 숨기고, 마지막에 드러내고 폭로하는 놀이다. 환상의 두 번째 의미는 자신이 하는 일에 대한 열의와 열정이다. 환상은 삶에 반드시 필요하다. 환상은 열정의 육체적 기초, 혹은 열정의 실용주의라고 할 만한 그 무엇이다.

땅/바다/공기

오랫동안 요리를 해 왔지만 여전히 놀랍고 감동적인 순간을 경험한다. 수천 가지의 재료들을 다루며 요리를 한다는 것은 지속적인 경이驚異라고 할 수 있다. 나는 끊임없이 묻는다. 이 향신료들은 어디서 유래했는가? 전통은 어떤 방식으로 긴 시간 속에서 음식의 영역을 확장하여 이것들을 요리의 대상 속에 포함시켰을까?

기대감/놀라움

기대감은 모든 종류의 창의적인 활동을 평가할 때 가장 핵심적인 요소가 된다. 위대한 아방가르드 요리에서 기대감은 일종의 심리적인 재료로 첨가된다. 기대감은 놀라움으로 귀결되지만 둘은 반비례의 관계에 있다. 기대감이 클수록 놀라움이 들어설 여지는 작아진다.

때로 가장 단순한 것이 가장 큰 경탄을 자아낸다. 기대감을 자극하지 않기 때문이다. 반대로 최고로 기발하고 혁신적인 것이 우리의 기대에 미치지 못할 때도 있다. 물론 항상 그렇다는 말은 아니다.

식사의 질서/식사의 무질서

메뉴는 우리가 만든 음식을 선보이는 방식이자 우리의 요리를 설명하는 방식이다. 새로운 요리일수록 설명은 더 어려워진다. 우리의 경우에는 가장 좋은 방법을 찾는 데 25년이 걸렸다.

그리고 우리의 레시피를 찾은 바로 지금 우리는 모든 것을 바꾸려고 한다.

음식/와인

사실상 와인이야말로 요리의 가장 지중해적인 요소이다. 서양에서 와인 없는 식사는 생각할 수도 없다. 그러나 모든 진실은 상대적이다. 동양과의 교류 속에서 이 문제에 새로운 요소들이 첨가되었다. 항상 그래왔던 것들이 왜 꼭 그래야만 하는지 자문하는 자세가 필요하다.

거장/전통/해체

우리는 항상 전통을 관찰하고 그것에서 영감을 얻을 수 있다. 요리 분야에 빅뱅 같은 것이 도래하지 않는 한 모든 요리는 특정 전통의 맥을 잇는 중간 고리 같은 것이다.

엘불리는 항상 선구자들과 이전의 전통을 최대한 존중해 왔다. 일반적으로 알려진 사실과 달리 우리는 결코 혁명을 한 적이 없다. 우리의 요리는 진화한다. 즉, 만물이 변화하는 자연스러운 과정의 일부이다. 우리는 전통적인 요리를 부정한 적이 없다.

가우디/달리/타피에스

우리가 성찰의 중심 주제로 삼아야 할 것은 요리가 예술인가 아닌가 하는 논쟁이 아니다. 안전하게 숨을 수 있을 만큼 충분히 큰 우산을 고르듯이 나는 예술보다는 창조성이라는 말을 택하겠다. 창조에는 경계

츄파춥스 쥘 베른 *Chupa-chups Julio Verne, 1996.*

가 없다. 우리가 만든 작품이 우리 자신뿐 아니라 다른 이들에게 어떤 영향을 미칠 수 있는지가 중요하다. 우리 시대의 레오나르도 다빈치라고 할 수 있는 스티브 잡스가 한 일을 보라.

내 작업이 어느 정도까지 사람들의 지각知覺·perception을 바꿀 수 있을지가 나의 관심사이다. 우선은 음식을 통해서, 그 후엔 삶 속에서 느끼는 감정을 통해서.

오감五感/생각

생각하는 능력은 우리를 동물과 구별해 주는 가장 중요한 기준이다. 가스트로노미는 음식을 섭취해야 한다는 원초적인 필요가 끝나는 곳에서 시작한다. 이제 의식적 기쁨이 가능해진다. 이는 모든 형태의 요리에서 가능하다. 이를테면 할머니의 요리에 대해서 이야기할 때 내 마음속에서는 어떤 감동, 감각적 즐거움과 뒤섞인 추억 같은 것이 샘솟는다.

이와 다른 종류의 기쁨도 존재한다. 특히 아방가르드 요리가 그것을 구현한다. 이성, 비교하고 대조하는 능력, 감각에만 머무르지 않고 그 이상의 요소들을 포착하는 능력이 요구된다. 유머감각, 놀이, 거짓말, '탈맥락화'dé-contextualisation, 창조적인 혁신 등등.

과거/미래

엘불리는 문을 닫는 것이 아니다. 변화하는 것이다. 우리에게 매우 중요한 시점이다. 우리는 우리 자신과 시스템을 동시에 만족시켜 줄 만한 시나리오를 찾아냈다. 그것을 현재형으로, 일상 속에서 구현할 수 있을 때까지 기다릴 것이다.

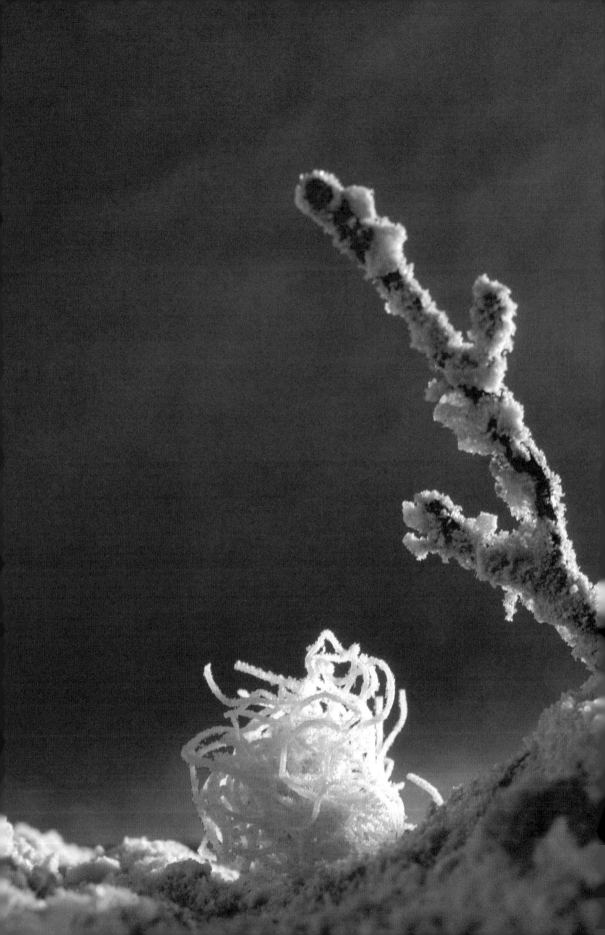

디/저트 *Des/sert, 2005.*

elBulli

모히토-카이피리냐
모히토 플라우타와 사과
아이스 핫 진피즈
그린 올리브 스페리코
가짜 땅콩
피스타치오 라비올리
파르마산 포라
파르마산 "마카롱"
고르곤졸라 글로브
올리브 오일 칩
꽃과 꿀
플라워 페이퍼
풋 편도열매 "기본적인 맛"
빵과 토마토
황금달걀
바지락 메렝가다
병아리 크로켓
에어 무스
뼈오징어 라비올리와 야자, 콩, 생강, 박하
콩 크리스탈
김 엠파나다
콩 성냥
코르네테 사쿠-사케
연어 니기리
끓인 랑구스틴
삶은 새우
장미 완탄과 햄, 멜론 즙
햄 카나페와 생강
치즈 빵
오리 푸아그라 키노아와 콩소메
흰 마늘
본마로와 캐비아
잣 샤브샤브
개암 포라 리키다
치킨 커리
로브스터 세비체
오아하카 타코
가스파치오와 흰 마늘
해삼-해삼
산토끼 니뇨야키
지비에 카푸치노
뽕나무 열매 리소토와 육즙
산토끼 등심
향신료 플레이트
우에소스
인퓨전
코르네토 멜바
퐁듀 멜바
카하

브루트 나투레 그란 레세르바 2005
아구스티 토렐로 @ 카바-페네데스 (D.O.)

도 페레이로 세파스 벨라스 2009
게라르도 멘데스 라사로 @ 리아스 바익사스 (D.O.)

파르셀라 엘 노갈 2004
파고 데 로스 카페야네스 @ 리베라 델 두에로 (D.O.(코세차))

마지막 저녁

La dernière soirée

2011년 7월 28일 목요일 저녁 8시. 엘불리에 특별한 분위기가 감돌았다. 이곳에 모인 이들은 한 시대의 끝이 임박했음을 느꼈다. 저녁 식사가 끝나고 다음 날 점심 식사를 한 후에 토요일 저녁에는 엘불리 직원들을 위한 파티가 열릴 예정이었다. 이를테면 이것이 마지막 저녁이었다. 이날에는 지금까지 중 가장 많은 50개의 요리가 나왔다. 마지막 요리의 고유번호는 1846번이었다. 에스코피에가 태어난 해이다. 페란 아드리아에게는 각별한 의미가 있는 숫자였다. 이 요리와 함께 《엘 프락티코》와 더불어 시작한 한 사이클이 끝을 맺는 것이다. 그리고 2014년 창조의 새로운 프로세스가 그 시작을 앞두고 있다.

이 마지막 메뉴에서 페란 아드리아는 모든 것을 극단까지 밀어붙였다. 요리의 가짓수, 놀라움, 웃음, 해체, 단 맛과 짠 맛, 육산물과 해산물의 혼합, 몇몇 식탁 용구의 제거, 교대로 혹은 동시에 등장하는 더운 것과 찬 것, 비물질화, 텍스처의 전이 등. 그날의 저녁은 한 사이클의 끝을 의미하면서 동시에 그 역사를 한눈에 되돌아볼 수 있는 시간이었다. 덕분에 우리는 올리브 스페리코, 닭 즙 크로켓, 강렬한 꽃향기가 가득

한 솜사탕, 캐비아 본마로, 갈릭 오일 아몬드 아이스크림 등을 맛보며 예전의 감동을 되살릴 수 있었다. 기억 속에 남아 있는 요리들의 새 버전이 등장하기도 했다. 향신료 시계가 그중 하나이다. 예전과 비교해서 사과 젤리가 달라졌다. 예전의 캐러멜화된 메추리알은 황금달걀이 되었고, 세 입 정도로 잘려 나온 새우에는 피펫이 꽂혀 있지 않았다. 일종의 '자기-해체'auto-déconstruction라고 해야 할까! 내 친구 브누아 페테르스의 표현이다. 페란 아드리아도 이 표현을 좋아했을 것이다.

한 사이클의 끝을 기념하는 이 식사에는 또한 멋진 창작품들도 대거 등장했다. 피스타치오 라비올리는 믿을 수 없을 만큼 강렬한 느낌을 선사했다. 넛맥이 뿌려진 고르곤졸라 아이스크림과 바삭한 올리브 오일 칩은 웃음을 자아냈다. 소금과 올리브 오일을 곁들인 작은 빵airbag이 토마토 소르베 위에 얹어 나왔는데 스페인 전통 요리의 정수를 보여 주는 듯했다. 달걀 노른자위, 연어, 바질, 콩을 섬세하게 섞은 일종의 사시미도 있었고, 멜론 즙에 적셔 먹는 생강과 햄 풍당 카나페도 있었다. 닭과 코코넛, 양파, 커리 아이스크림의 조합도 있었다. 레몬 즙을 뿌리고 고수를 얹은 로브스터가 동결건조 옥수수, 멕시칸 타코 솜사탕, 옥수수, 고수, 라임, 아보카도 과카몰리와 함께 나왔다. 다음에 나온 요리 제목은 '한 접시에 담은 안달루시아'였다. 토마토, 오이, 고추, 오일, 흰 마늘을 섞은 아이스크림과 오이 소스와 노르웨이 캐비아와 함께 해삼 요리[51]가 나왔다. 이 메뉴들만 봐도 페란 아드리아는 아직 창조적인 작업을 그만둘 생각이 전혀 없어 보인다. 그는 끓어 넘치는 창작욕으로 우리를 놀라게 하고 기쁘게 하며 앞으로 그가 나아갈 길에 대한 단서를 제공한다. 그날 저녁 식사에서 내가 발견한 네 가지 새로움 속에 그 단서가 들어 있다.

---

[51] 해삼은 프랑스어로 '바다 오이'concombre de mer라고 부른다.

첫 번째: 식사 순서 자체의 새로운 리듬 발명. 페란 아드리아는 오랫동안 해산물과 말린 과일, 꽃, 가벼운 질감의 육산물들(본마로, 푸아그라, 치킨 수프)을 함께 서빙하고 이어서 다양한 고기 요리들을 선보이곤 했었다. 수년 간 식사의 전통적인, 혹은 현대적인 순서들을 해체해 오는 과정에서 그는 자신만의 스타일을 재발명한 것으로 보인다.

두 번째: 페란 아드리아는 이 순서 속에 새롭게 출현한 리듬을 강화하는 세 개의 시퀀스를 도입했다. 첫 번째는 '일본 시퀀스'로 조화가 강조된 다섯 개의 요리가 연속적으로 나왔다. 다음은 (매우 특별한 맛의) '고기 시퀀스'로 토끼고기의 다양한 변종들을 선보였다. 카푸치노, 리소토, 라비올리, 볼로냐 소스, 안심 요리 등도 나왔다. 여기에 카르다몸 향과 선지가 곁들여졌다. 물론 선지는 실제 피가 아니라 당근 주스였다. 그리고 마지막 시퀀스에서 복숭아 잎, 바닐라, 딸기 인퓨전, 피치멜바 퐁듀와 바닐라 칩으로 식사를 마무리했다.

세 번째: 페란 아드리아는 이 시퀀스들에 새로운 리듬을 부여하면서 마치 악보에서처럼 그 속에 몇 개의 쉼표와 같은 순간을 삽입하여 음식의 텍스처와 맛을 더욱 두드러지게 했다. 부드럽고 비물질화된 텍스처에 바삭한[52] 질감이 포함된 요리가 총 열 두 개였는데, 대부분 매우 작은 요소 속에 표현되거나 얇은 막 혹은 캐러멜 칩 형태로 구현됐다. 이 모든 새로움은 이전의 메뉴에서도 발견할 수 있지만 페란 아드리아는 한 사이클을 마감하는 자리에서, 이를테면 높은 미학적 수준의 통일적인 스타일을 선보이고 싶었던 것 같다.

네 번째: 이 네 번째 새로움은 넓은 관점에서 음식-와인 궁합과 관련한 문제에 대해 처음으로 매우 고무적인 답을 제공한다. 이번 식사에서

---

52 저자는 의도적으로 비슷한 의미의 형용사 세 개를 나열했다. croquant, croustillant, craquant. 한국어는 모두 '바삭한'의 의미로 옮길 수 있다.

페란 아드리아는 음식에 곁들여 마시는 여덟 가지 음료를 선보였다. 우선 그만의 방식으로 만든 두 가지 칵테일이 나왔고(남미산 찻잎을 볶은 맛으로, 한 모금 마시면 입 속으로 멋진 모히토 향이 퍼져 나갔다. 다른 하나는 거품을 없은 차갑고 따뜻한 진피즈였다), 다음으로 아몬드 워터, 멜론 워터, 파인 트리 워터, 지비에 카푸치노, 당근 주스와 복숭아 잎 인퓨전이 나왔다. 이 여덟 가지 음료는 그 어떤 와인보다 전체 서른 개의 요리와 잘 어울렸다. 처음에 나온 두 가지 칵테일 덕분에 식사 초입에 카바를 마실 필요가 없어졌다. 전체 중에서 갈리스 산 화이트 와인과 어울리는 것은 네 가지 요리 뿐이었다. (따라서 한 잔으로 충분했다.) 리베라 델 두에로 레드의 경우는 오직 구운 고기 시퀀스에만 소용이 있었다. 이 시퀀스에서는 두 가지 음료가 제공되었다. (따라서 이번에도 와인은 한 잔이면 족했다.) 이런 식으로 이 마지막 저녁 식사는 페란 아드리아의 향후 예술적 진로와 관련된 질문들에 최초의 답을 제공했다.

7월 28일 저녁, 앞으로 펼쳐질 새로운 창조의 여정을 기대하면서 우리는 엘불리를 나섰다. 문 옆에 세워 놓은 나무판에 새겨진 커다란 그림 하나가 눈에 들어왔다. 엘불리의 상징인 불도그가 어깨에 보따리를 둘러메고 새로운 모험을 찾아 떠나는 그림이었다.

2011년 7월 30일
장 폴 주아리

Pañuelo gigante de crocant de alcachofa con chips de alcachofa, 2003.

밀푀유 알라카르트

Mille feuilles à la carte

이 책에서 다뤄진 주제들에 대해 더 깊이 알고자 하는 독자들에게 도움이 될 만한 책들을 소개한다.

페란 아드리아의 창조적 시도들, 엘불리의 역사 등과 관련해서 읽을 만한 책으로는 우선, 페란 아드리아, 홀리 솔레르, 알베르 아드리아 공저, 《Une journée à elBulli(엘불리에서 보낸 하루)》(Phaidon, 2009)를 권한다. 그리고 만프레드 베버-람베르디에르, 《미각혁명가 페란 아드리아Le magicien d'elBulli》(이수호 역, 들녘, 2008)와 오스카 가바예로, 《ElBulli, texte et prétexte à textures(엘불리, 텍스처의 텍스트와 프리텍스트)》(Agnès Vié-not, 2004)는 엘불리의 철학적 관점을 전반적으로 이해하는 데 도움을 주는 쉽고 흥미로운 책들이다. 영상 자료를 원하는 분들에게는 네 장의 DVD 세트로 출시된 다비드 푸졸 감독의 영상 카달로그(1963~2009), 《ElBulli, historia de un sueno(엘불리, 꿈의 역사)》를 권한다.

요리의 역사에 대해서는 J.-L. 플랑드랭, 《L'ordre des mets(음식의 질서)》(Odile Jacob, 2002), J.-L. 플랑드랭, M. 몽타나리 편, 《l'Histoire de l'alimentation(영양 섭취의 역사)》(Fayard, 1996), 앤서니 로웰리, 《Une histoire mondiale de la table(식탁의 세계사)》(Odile Jacob, 2006), 모리스 방수상, 《Les particules alimentaires(영양 입자들)》(Maisonneuve & Larose, 2002) 등을 추천한다.

음식-와인 궁합과 관련해서는 알랭 상드랑, 《Le vin et la table(와인과 테이블)》(Revue des vins de France), 피에르 카자마요르, 《L'école des alliances(와인 궁합 교본)》(Hachette), 《L'accord parfait(완벽한 조합)》(Chêne), 《Le désir du vin à la conquête du monde(세계를 정복하는 와인)》(Fayard) 등을 권한다.

미학과 관련해서는 칸트의 《판단력 비판》(백종현 역, 아카넷, 2009)과 《헤겔 미학강의》(두행숙 역, 은행나무, 2010)를 참조하기 바란다. 좀 더 접근하기 쉬운 책을 원한다면, 클로드 코도스, 《Hegel, Esthétique(헤겔, 미학)》(PUF)를 권한다. 하워드 S. 베커의 《Les mondes de l'art(예술계)》(Flammarion, 1988), 노베르트 엘리아스, 《모차르트, 한 천재에 대한 사회학적 고찰Mozart, sociologie d'un génie》(박미애 역, 문학동네, 1999)을 함께 읽어도 도움이 될 것이다.

감사의 메뉴

Menus remerciements

페란 아드리아, 홀리 솔레르, 조셉 마리아 핀토, 프란세스크 기야메, 카트린 르페름, 안-클레르 시 포딜, 브루노 만토바니, 브누아 페테르스, 발레리 레비-수상, 크리스토프 페리에, 로랑 빌, 델핀 외비에, 피에르 르페름, 멜라니 뒤푸르, 마르틴 질레에게 감사의 말을 전한다. 이 책은 이들의 말, 충고, 격려, 비판, 제안 덕분에 나올 수 있었다. 이들이 생각하는 것보다 내가 받은 도움은 훨씬 크다.

콩 수프 *Sopa de soja*

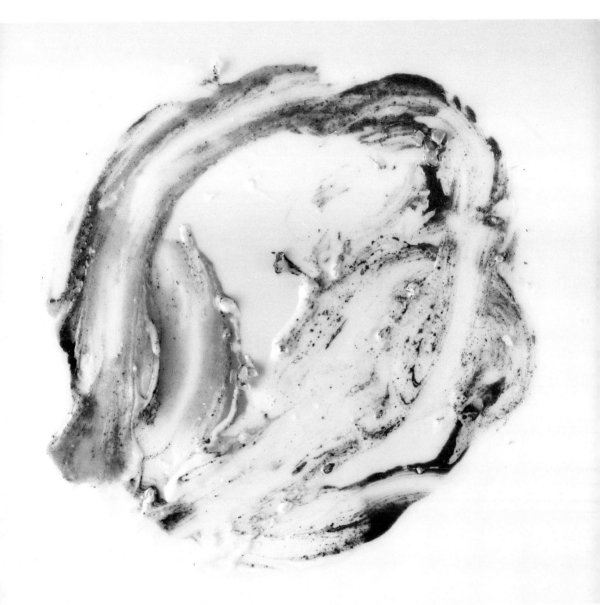

일시적 작품의 흔적 *Traces de l' œuvre éphémère*

옮긴이_ **정기헌**

파리8대학에서 철학을 공부하고, 한국외국어대학교 통역번역대학원을 졸업했다. 번역한 책으로는 《프란츠의 레퀴엠》, 《남겨진 사람들》, 《고독의 심리학》, 《트레이더는 결코 죽지 않는다》, 《고양이가 내게 말을 걸었다》, 《쿼르강의 푸가》, 《철학자에게 사랑을 묻다》, 《프랑스는 몰락하는가》, 《해피스톤은 왜 토암바 섬에 갔을까?》, 《괜찮아 마음먹기에 달렸어》, 《리듬분석》, 《논피니토: 미완의 철학》, 《낭비 사회를 넘어서》, 《마르크스의 유령》 등이 있다.

엘불리의 철학자
FERRAN ADRIÀ, L'ART DES METS *Un philosophe à elBulli*

초판 1쇄 발행 2014년 10월 27일

지은이 장 폴 주아리
사 진 프란세스크 기야메
옮긴이 정기헌
펴낸이 양소연

기획편집 함소연 **디자인** 하주연 이지선 **마케팅** 이광택
관리 유승호 김성은 **인터넷사업부** 백윤경 최지은

펴낸곳 함께읽는책 **등록번호** 제25100-2001-000043호 **등록일자** 2001년 11월 14일

주소 서울시 금천구 디지털로9길 68, 1104호(가산동, 대륭포스트타워 5차)
대표전화 1688-4604 **팩스** 02-2624-4240 **홈페이지** www.cobook.co.kr
ISBN 978-89-97680-12-2(03100)

함께읽는책은 도서출판 **나눔의집**의 임프린트입니다.